我要現在就向你保證，你不需要在尋找中被纏繞，也不需要成為這個擺佈人的世界中的犧牲者……你現在就可以找到那真正的內在自由，享受更滿足的生命。

——盧雲

靈修著作精選｜盧雲系列｜

盧雲 著
新加坡長老會真理堂 譯

活出有愛的生命

俗世中的靈性生活

基道出版社

▼
靈修著作精選 • 盧雲系列

活出有愛的生命

俗世中的靈性生活

Life of the Beloved

Spiritual Living in a Secular World

原著
盧雲 Henri J.M. Nouwen

譯者
新加坡基督教長老會真理堂

責任編輯
伍美詩

裝幀設計
郭曉勤

■

發行 / 出版
基道出版社
香港沙田火炭坳背灣街 26 號富騰工業中心 10 樓 1011 室
LOGOS PUBLISHERS
Unit 1011, 10/F, Fo Tan Ind. Centre, 26 Au Pui Wan St., Shatin, Hong Kong
電話：(852) 2687-0331 傳真：(852) 2687-0281
網址：https://www.logos.com.hk

承印
雅聯印刷有限公司

●

10/1999 初版 3/2000 二版 11/2002 三版 11/2005 四版
Cat. No. LP738-4B
ISBN-10: 962-457-157-0
ISBN-13: 978-962-457-157-8
Original Edition "Life of the Beloved"
Published by Crossroad, U.S.A

Printed in Hong Kong

本書承新加坡基督教長老會真理堂奉獻譯費支持出版，謹此致謝。

刷次	15	14	13	12	11	10	9	8	7	6
年份	2034	2033	2032	2031	2030	2029	2028	2027	2026	2025

目 錄

譯序 vii

致謝 ix

序——友誼的開始 xi

你是蒙神所愛的 1

成為蒙神所愛的 9

I 揀選 15

II 祝福 26

III 破碎 38

IV 給予 51

活出蒙神所愛的生命 67

跋——友誼的增長 75

譯序

教會的進展與信徒生命的根基緊緊相關，因此，教會要不斷引導弟兄姐妹關懷生命的基礎，回應呼召，跟隨基督，作主門徒。

以華文為媒介語的培訓資料並不多，市場上常見的資料多為步驟式的教導。採用該種資料，惟恐使信徒——特別是初信者——走進機械式的信仰生活，一旦定型，將影響他們對信仰的反思能力，妨礙靈命的成長。

盧雲著作的《活出有愛的生命》提供了很有意義的培訓材料，用以引導信徒反省自己對生命的認知以及本身與神的關係，是十分恰當的。

本堂得到謝雪華執事與劉紉馨姊妹將該書的英文原版翻譯成華文，並由本人與本堂沈蕙芳傳道擬定一系列的思考課題作為教材。

《活出有愛的生命》已經成為本堂有系統培訓的部分材料。本堂曾多次採用這本書，例如於一九九九年受難節前夕舉行的通宵禱告會，就用它作為思想與討論的資料。我們也用這本書，幫助本堂一羣信主多年的會友走進門徒訓練。

我們希望《活出有愛的生命》的華文版除了讓本堂獲益之外，也能讓其他華文教會應用。因此本堂以不盈利的方式參與出版事宜，願這項文字事工能對華文教會作出些許貢獻。

新加坡基督教長老會真理堂

潘志成牧師

一九九九年七月十五日

致謝

在本書的寫作和出版過程中，我得到許多朋友的支持。首先要謝謝康尼．埃利斯(Connie Ellis)給我在文書上的幫助，並多方鼓勵我在繁忙之際，仍不間斷寫作。我把這本《活出有愛的生命》獻給她，衷心表達我對她忠實的友誼和慷慨支持的謝意。我也要謝謝康拉德．維喬羅克(Conrad Wieczorek)在撰稿的最後階段，多方面給我和康尼在編輯上的幫助。

我也要特別謝謝帕特里夏．比爾(Patricia Beall)、黛安娜．錢伯斯(Diana Chambers)、戈登．科斯比(Gordon Cosby)、巴特．加維根(Bart Gavigan)、史蒂夫．詹金森(Steve Jenkinson)、休．莫絲蒂娜(Sue Mosteller)、多利．賴斯曼(Dolly Reisman)、蘇姍．齊默爾曼(Susan Zimmerman)，以及「十字路」(Crossroad)出版社的編輯——鮑勃．赫勒(Bob Heller)。他們給我許多鼓勵的話，也提供了許多具體的建議，讓我完成這些文稿。

最後，我要向佩吉．麥克唐奈(Peggy McDonnell)、她的家人及朋友致謝。謝謝他們的友誼以及慷慨的經濟支持。我也得謝謝德國弗賴堡的法蘭西斯團契(Franciscan Community in Freiburg)，給我提供一個安全寧靜的地方，讓我能以禱告的心來寫作。

序——友誼的開始

這本書是一段深摯友誼的成果，我相信，如果我告訴你這段友誼的故事，你在讀這本書時，就更能得益。大約在十年前，當我還在耶魯神學院教書時，有位年輕人來訪問我，他是為了紐約時報的康涅狄格州星期天版的新聞稿而來的。他自我介紹，名字叫弗雷德·布拉特曼(Fred Bratman)。當我們開始談話不久，我就發覺自己有些不耐煩，也有些迷惑。我的不耐煩是因為這位記者對他的工作並不太有興趣，或許是有人給他建議，我可能是個值得被採訪的人物。他接受了，但是我卻毫不覺得他有任何想認識我想去寫我的興趣和熱誠；這正是記者必須具備的工作態度，卻容易只流於表面，缺乏真正的熱誠。無論如何，我的幾分迷惑，是因為在這滿不在乎的面具後，我看到一個活潑的靈命——熱誠地去學習、去創造。我知道我正面對著一個有極大恩賜的人，他正在焦急地尋找應用它的途徑。

我們談了半個小時，討論了一些我們都不太有興趣的問題，訪談也該結束了。他已有足夠的資料去寫一篇文章，讓一些人讀，卻不會有甚麼結果。我們都心知肚明，也都覺得本來可以有更好的方法度過這段時間。

正當弗雷德要把他的記事本放進皮夾內，習慣性地向我致謝時，我盯著他，然後問道：「你喜歡你的工作嗎？」令我驚訝的是，他不加思索地回答：「不真正喜歡，這只不過是份職業罷了。」我似乎很幼稚地回應：「如果你不喜歡，為甚麼你還做？」「當然是為了錢。」他回答，我還未再問，他已接著説：「其實我的確很喜歡寫作，不過為報紙寫這些小訪談，因為有篇幅的限制，不能對課題有所發揮，常常令我懊惱。譬如説，我怎可能用七百五十個字，有深度地描寫你和你的思想？……但我有何選擇？……我得維持生計啊，有這份工作我可該慶幸了。」在他的言語中我聽到了氣憤和無奈。

突然間，我感受到弗雷德幾乎要放棄他的夢想了。在我看來，他就像個被困鎖在社會監牢內的囚犯一樣，被強逼做他自己不相信的事。看著他，我有説不出的同情——多於我能述説的，是出自對這年輕人深切的愛。在那尖酸刻薄的背後，我看到一顆非常美麗的心靈，一顆願意給予、創造、過一個有意義的生活的心。他靈活的思想，開放的生命，對我簡單的信任，使我覺得我們的會面不是偶然的。發生在我們之間的，對我來說就像是耶穌在遇到那富有的年輕人時一樣，「心中對他充滿了愛」（可十 21）。

我很直覺地感到內心有一股強烈的意念，要我把他從困鎖中釋放出來，幫助他尋找完成心底願望的途徑。

我問他：「你真正要做甚麼？」

「我要寫一本小說……不過我永遠無法做到。」

我問他：「這是你真正要做的嗎？」他驚訝地看著我，然後微笑地回答：「是啊！……不過我也害怕，因為我從來沒寫過小說，或許，我並不是個小說家的材料。」

我問他：「你又怎麼知道呢？」

「或許我永遠沒法知道。當小說家需要時間、金錢，更重要的是才華，而我甚麼也沒有。」

這時我對他、對社會、甚至對自己有些生氣，為甚麼我們總是順其自然讓事情發展。我感到強烈的衝動，要打破這恐懼的牆、傳統、社會的期待、自我不滿。我衝口而出說：「為甚麼你不離職去寫你的小說？」他回答我：「不能。」我繼續鼓勵他：「如果你真的想，你就可以，不必再做時間和金錢的犧牲品。」這時，我發覺我已經參與了一場我一定要取勝的戰爭，他也感到我對這事的嚴重關注，就說：「我只不過是個小記者，或許我也該就此滿足了。」我說：「不，你不能，你應該去爭取你最深切的心願，做你真正想做的，時間和金錢都不該是關鍵。」他問：「那甚麼才是關鍵的因素？」「你自己，」我說：「你根本不會有任何虧損。你還年輕，充滿活力，有好的訓練……在你甚麼都可能……為甚麼讓世界把你擠進去……為甚麼要做犧牲品？你有自由去做你要做的——如果，這是你真正要做的。」

他看著我，非常驚奇，心中反複思想這段不尋常的對話。他說：「我看我還是告辭了……或許有一天我會寫我的小說。」

我阻止了他，不讓他一走了之。「等等，弗雷德，我說的是實話。按著你的心願而行吧。」他帶著諷刺的口吻說：「說得沒錯。」我不放過他，我知道我自己的信念也正在受考驗。我相信人可以有選擇，選擇他們自己最渴望的；我也相信人們很少做這樣的選擇，他們寧願為了自己的「命運」埋怨世界、社會和其他的人，浪費他們的生命去訴苦。但是，我感覺得到，在我這場短短的爭論後，弗雷德可以越過他的恐懼，冒一冒相信自己的危險。我也知道，無論如何，我必須比他先越過，所以我說：「弗雷德，放棄你的職業，到這兒來一年，寫你的小說，我會想法子去找到錢。」

後來——許多年後——弗雷德告訴我，當我這樣說時，他感到很緊張，開始懷疑我的動機。「這人到底要從我得到甚麼？」他想：「為甚麼他給我時間和金錢去寫作？我不大相信，一定另有原由！」但是，他並沒有如此說，只推辭說：「我是個猶太人，這是所基督教的神學院。」我沒有理會他的藉口：「我們可以視你為住校學者……你可做你想做的……這兒的人一定會喜歡有一個小說家在學院裏，你也可同時學習有關基督教和猶太教的異同。」

幾個月後，弗雷德來到耶魯神學院，住了一年，嘗試寫他的小說。小說沒有寫成，我們卻成了好朋友，許多年後的今天，這本書就是這段友情的成果。

從我們一起在耶魯之後的十多年內，弗雷德和我的生活都與我們剛認識時，各自想像的未來生活大不相同。弗雷德經歷了痛苦的離婚，再結婚，現在他和妻子羅冰(Robin)正等待著他們第一個孩子的誕生。這期間，他做了幾份不同的職業，開始時不太滿意，直到他找到了一個職位，容許他充分發揮他的創作潛能。我自己的歷程更是意料不及的。我離開了學術界，去了拉丁美洲，再嘗試入學術界，最後，在一個由智障人士和他們的助手組成的團體中安定下來。我們的生命都有許多的掙扎、許多傷痛，也有許多的歡樂，在定期的相聚中，我們都能詳細的分享彼此的經歷。隨著歲月的流逝，我們愈來愈相近，更感到彼此的友情是如此重要；雖然忙碌、距離，和個人的生活方式常常使我們不能像期望般經常相聚。

從開始，我們已經非常清楚彼此間截然不同的宗教背景。起初，這分歧叫我們似乎很難在靈命上彼此支持。弗雷德尊重我是個天主教神父，對我的生活和工作真的感到興趣，但是基督教，特別是天主教會，只不過是他有興趣的許多課題之一而已。至於我，我很容易明白弗雷德的世俗化猶太教，雖然我知道如果他更接近他的屬靈傳統，將更能得益。我很清楚的記得有一次我告訴他，如果他能讀希伯來文的聖經就好了。他抗議說：「它並不適合我，是屬於一個陌生的遙遠世界⋯⋯」我說：「你至少應該讀一讀傳道書，那本書一開始就說：『虛空的虛空，凡事都是虛空』。」

第二天，弗雷德告訴我：「我讀了⋯⋯我從來也沒想到聖經中竟然容納得了像我這樣的懷疑論者，這可是相當有保證啊！」我還記得我心中想：「你何止是個懷疑者。」

當我們年紀漸長，對成功、事業、名利、金錢和時間更加不關心，我們之間的關係，就更集中在生命的意義和目的上。

在生命的許多改變中，我們都更接近自己最深的願望。雖然我們彼此環境不同，卻都要應付被拒絕和分離的傷痛，我們也更了解自己對友情和親密關係的渴望。為了避免墮入不滿和怨恨中，我們都要從深沈的屬靈資源去支取能力。彼此的不同就不那麼重要，相同卻更顯著了。當我們的友情更深更堅固時，我們更明確地渴望有個共同的屬靈根基。

有一天，當我們在紐約市的哥倫布大道行走時，弗雷德回過頭對我說：「為甚麼你不為我和我的朋友寫些有關靈命的東西？」弗雷德對我所寫的都很熟悉，很多時候，他會建議某種形式和文體，卻很少能對內容起共鳴。作為一個生活在紐約市這個世俗化社會的猶太人，他不可能從這些顯然是屬於基督教和教會生活的文字中，得到安慰和支持。他常常說：「的確是好材料，不過不是給我的。」他深深覺得，他和他朋友們的經歷是需要另一種語調、另一種語文、另一種屬靈頻道的作品。

當我漸漸認識弗雷德的朋友，也覺察到他們的興趣和關懷時，我較能明白弗雷德所説的世俗化男女所需要的屬靈生命是甚麼。我許多思想和寫作，都是先假設了一些為人熟悉的概念和形象；這些概念和形象在許多世紀以來都滋潤了基督徒和猶太人的屬靈生命。但是對許多人來説，這些概念和形象在他們靈命的中心，早已失去了能力。

弗雷德建議我談一些他和他的朋友「能聽」的有關屬靈的東西，這個請求一直存留在我的心中。他要求我回應在大都市街道上無數路人的心靈飢渴，他呼召我給一些不再到教堂或會堂的人説一些有盼望的話，神父和拉比再不能對這些人有所幫助了。

弗雷德一直告訴我：「你有話要説，但是你一直説給那些最不需要的人聽。為何不考慮我們這些年輕、有雄心，卻不知生命真正意義的世俗男女？你是否也能以相同的確信，像你對那些與你有相同傳統、相同語言、相同意象、説相同的話的人，來對我們説話？」

弗雷德不是惟一問我這問題的人，他向我表達的要求也很清楚地從四方八面而來。我從我的羣體中，那些沒有宗教背景，聖經對他們只不過是本陌生、充滿疑惑的書的人聽到這呼求。我從那些長久離開教會，也沒有希望回去的家人當中聽到這呼求。我從律師、醫生、商人聽到這呼求。這些人的精力耗盡，星期六和星期天，只不過是個小憩，讓他們有能力再進入星期一早上的競技場。我也從一些年輕的男女處聽到這呼求。他們開始感到需要應付社會對他們的種種要求，卻懼怕這並不會建立真正的生命。

弗雷德的問題已不是一個紐約年輕知識分子發人深思的建議，而是四方八面而來的懇求——只要我張耳去聽；到最後，它成了我的最重要、最迫切的要求。「請向我們傳講一些我們心靈深處最渴求的信息，是有關我們許多祈願和盼望的；不是生存的技巧，而是信任；不是滿足感情需要的新方法，而是愛。請向我們傳講一個比我們變幻不定的觀點更大的異象，一把比吵吵鬧鬧的大眾傳媒更深入人心的聲音。是的，請向我們傳講某些比我們更偉大的事和人物。請向我們傳講……神。」

「我以甚麼身分來傳講這些呢？」我回答，「我自己的生命如此微小，我缺乏你們所要的經歷、知識和語言。你和你的朋友住在一個與我完全不同的世界裏。」

弗雷德不給我留任何餘地：「你能……你必須做……如果你不做，還有誰可以？多來探訪我，與我的朋友交談，仔細觀察所見所聞，你就會發現在人心靈深處所發出未曾被聆聽的哀哭，因為無人聆聽。」

弗雷德的話使我想到他在紐約第七十五街的公寓，是在嚴酷的環境中一個溫暖的地方。許多年前，弗雷德第一次帶我去那地方，在大廈進口處空空的大廳，他告訴我：「全都給偷走了，水晶掛燈、牆上的大理石，所有有價值的東西，都被洗劫一空，很多時候是在光天化日下發生的。」當我們乘電梯到第十一樓時，我感到那些肩靠肩擁擠的乘客，都是冷冰冰的，真是尺寸天涯。弗雷德需要用兩把鎖匙開他家門，還要把鐵柵保護著的雙層窗戶關緊，才能阻止哥倫布大道的聲音侵襲他的每一處空間，是的，這是個可愛的家，但是當我們最終進入這家裏時，我已聽完了一個充滿了暴力、欺壓、恐懼、懷疑、焦慮、痛苦的故事。在那裏我認識了弗雷德每天的生活起居：大清早離開這公寓上班，消失在人羣裏，在地鐵內讀早報，在辦公室的小座位上寫經濟通訊，與同事在擁擠的餐廳吃午餐，下午應付許多的電話和傳真信息，然後又再消失在人羣中，回到他溫暖的避難所。

我對住在這樣的地方，過這種生活節奏的人，有甚麼可說呢？我對這個計程車穿梭往返的世界、玻璃高樓的辦公大廈、歌舞昇平的花花世界，有甚麼可說呢？然而，這許多年來的研讀、禱告，難道我不正是被裝備為這樣的世界說些有盼望的話嗎？

「但是怎麼說？怎麼說？」我對弗雷德說，我的內心感到抗拒，我回應的熱誠被困鎖在掙扎中。他回答：「從你內心感自在的地方說起。最直接、最簡單、最憐愛、最溫和地說，無需道歉。告訴我們你看到、也要我們去看的，告訴我們你聽到、也要我們去聽的……信靠你自己的心，你就有話可說了。沒甚麼好怕的，那些需要你的，也是最能幫助你的；你可以肯定我一定會幫助你。」

如今，我終於開始寫了。我知道只有與弗雷德和他的朋友接近，我才能如此作。他們呼召我成為我渴望成為的，同時，他們也給我他們愛的保障。

我選擇直接說——就像是封私人的信件。只有以弗雷德和他的朋友為焦點，我才能將心裏的話表達出來。我不能探討我們這時代和社會中一些嚴重的問題，但是我能寫信給一位親愛的朋友，是我認識的，也是我所愛的。他是尋找生命、真理、光明的旅途中的好伙伴，我希望因為我的直接和真誠，讓更多人願意「來聽」，也願意參加這個屬靈的尋找。

你是蒙神所愛的

自從你要我為你和你的朋友，撰寫有關屬靈生命的文章，我就在想，在你讀完我所要談的事情之後，有沒有一個詞是我最希望你能緊記的。在過去的幾年，有一個特別的詞從我心靈深處浮現出來，那就是「蒙神所愛」，我也肯定這是為了你和你的朋友，我才得到的一個詞。作為一個基督徒，我是通過拿撒勒人耶穌受洗的故事第一次認識這個詞。「耶穌從水中出來不久，天就開了，有聖靈像鴿子降在祂身上，有聲音從天上説『祢是我的愛子，我所喜悦的。』」多年來，我多次讀這句話，也在講壇上、講學時思考它，但是只有在我們於紐約的傾談後，這句話才給我更深的意義，是遠超過我自己的傳統範圍的。我們的許多交談，使我更確信「你是我所愛的」啟示了人類最親密的真理，無論他們是否屬於任何一個傳統。

弗雷德，我要告訴你的就是「你是那蒙神所愛的」，我希望你能聽到這話是充滿了愛，帶著無限的溫柔和能力。我只渴望這話能在你生命的每個角落裏回響——「你是我所愛的」。

我的友情能給你的最大禮物，就是你蒙神所愛的恩賜。我能送給你這份禮物，只因這是我所擁有的，這不就是友情真正的意義嗎？就是彼此餽贈愛的恩賜。

是的，就是這聲音，這聲音是從天上、從內心而來的，是微聲低語，也是大聲宣告：「你是我所喜悅的。」要在這充滿了吵雜聲音的世界裏聽到這聲音，肯定不容易，因為世界的聲音是：「你不行、你醜陋、你毫無價值、你卑鄙、你是無名小卒——除非你能顯示你並非如此。」

這些負面的聲音，是如此響亮，如此連續不斷，很容易的叫人相信。這是一個大陷阱，是個叫人自暴自棄的陷阱。過去多年來，我發現生命中最大的陷阱不是成功、知名度、權勢，而是自暴自棄。成功、知名度和權勢固然是個大誘惑，但是這個引誘往往是來自一個因自暴自棄所產生的更大誘惑。當我們相信那叫人感到自己毫無價值、不可愛的聲音時，成功、知名度和權勢，就會是一個很吸引人的解決辦法，自暴自棄才是真正的陷阱。我常常驚奇自己如此容易受此誘惑，只要有人指責或批評我，只要我被拒絕，被置之不顧，我就會想：「好吧，再一次證實我是無名小卒。」我沒有嚴厲地去檢討當時的處境，或嘗試了解自己和別人的局限，反而埋怨自己——不單是埋怨自己所做的，而是去埋怨我這個人。我黑暗的一面會說：「我是不好的……

我應該被推在一旁、被遺忘、被拒絕、被放棄。」

或許，你以為你受自大的誘惑多於自棄，但是，難道自大不是自棄的另外一面嗎？難道自大不是把自己放在一個你不願意去面對的位子上嗎？最後，難道自大不只是另一種處理毫無價值感受的方法嗎？自棄和自大都把我們從相同的存在現實中抽出來，使溫柔的羣體變得難以應付，甚至難以面對。我很清楚，在我自大的骨子裏，潛伏著很多自我懷疑，就像在自棄中也隱藏了許多的驕傲。無論我是被降低或被提高，我還是不能面對現實，不敢面對真我。

我希望你可以在某程度上認識你所面對的自暴自棄誘惑，無論所表現出來的是自大或是自卑。許多時候自暴自棄會被看成是沒有安全感的人的一種神經過敏表現；但是，神經過敏常常是人心靈更黑暗的一種心理表現，就是在人類存在中沒有感到真正受歡迎。自棄是屬靈生命最大的仇敵，因為它剛好與那稱我們為「蒙愛的」的神聖聲音相對抗。成為蒙神所愛的是我們存在的核心真理。

我很直截了當地告訴你，雖然作為「蒙神所愛的」的經歷從不曾在我的生命中完全消失，但是，我從來沒把它當成是我的核心真理。我一直在它的周圍打著大大小小的圈子，尋找某些人或事去肯定我的蒙神所愛。我好像一直拒絕聆聽我心靈深處的呼聲：「你是我的愛子，我所喜悅的。」那聲音一直都存在，但是我好像更渴望去聽其他更大的聲音說：「證明你有所價值，做一些有用的事，更明顯的，或更有能力的，這樣你就能得到你想得到的愛。」這時候，在我安靜和獨處的內心，雖然那輕微、溫柔的聲音仍不斷在呼喚，我卻聽不到，至少還不能去確信。

那輕微、溫柔稱我為「蒙愛者」的聲音，用數不盡的方式對我說話，我的父母、朋友、老師、學生，還有許多在我生命路途上巧遇的陌生人，都用不同的語氣發出那聲音。我被許多人的溫柔和親切所眷顧著，我得到許多付出了忍耐和堅持的教導和訓練；當我要放棄時，我得到鼓勵繼續向前，我失敗時被激勵再接再厲，我成功時也得到稱讚和讚賞……但是，這些都似乎不足以令我肯定我是蒙愛的。在我看來是很自信的背後，仍存有疑問：「如果那些關注我的人能把我看清楚，認識我的內心，他們還會愛我嗎？」這個煎熬著我的問題，一直是我的陰影，逼迫著我，令我逃避去聽那寧靜地稱我為「蒙愛者」的聲音。

我想你知道我在說甚麼。你難道不是像我一樣，希望某個人、某件事物能達到你所渴望的自我滿足嗎？難道你沒有時常希望「但願這本書、這意念、這課程、這旅程、這份工作、這國家，或一段關係能成全我的心願。」但是，只要你是在等候那神奇的時刻，你會一直東跑西撞、常帶焦慮、不安、有欲望、生氣、不能完全滿足。你知道就是這種難以遏制的力量，使我們一直往前衝，一直忙碌，但是同時也使我們懷疑如此下去，有甚麼目的。這就是靈命的枯乾，最後終致死亡。

其實，我們都不需要殺害自己，我們是蒙神所愛的，在我們的父母、老師、夫妻、孩子和朋友們愛我們或傷害我們之前，我們已經深深地蒙神所愛了。這是我們生命的真理，也是我要你親自去擁有的真理。這真理就是那聲音說：「你是我所愛的」。

在心靈至深處留心聆聽那聲音，我聽到：「從開始我就呼喚你的名字，你是我的，我也屬於你。你是我所愛的，我喜悅你。在地極我已陶造你，從你在母胎時我就開始塑造你。我在我掌中雕塑你，在我懷抱的陰影中隱藏你。我用無盡的溫柔注視著你，比母親看顧孩子更細心地照顧你。我數盡了你頭上的髮絲，引導你每一個腳步。你往何處去，我都與你同往。當你休息時，我在旁守著你。我賜給你飲食，滿足你的飢渴。我不向你躲藏，你認識我就像認識你自己，我也認識你像認識我自己。你是屬於我的，我就是你的父母、你的兄弟姐妹、你的情人、你的配偶……是的，我甚至是你的孩子……你在哪裏，我也必在那裏。沒有甚麼能分隔我們，我們是合一的。」

每當你留心聆聽那呼喚你為「蒙愛者」的聲音時，你會發現在你內心，渴望能更長久更深刻地聽那聲音，就像在沙漠中發現到一口井。當你摸到濕潤的土地時，你就想挖掘得更深。

我最近一直在挖掘，我知道我已開始看到一股小泉從乾土中湧出。我要繼續挖掘，因為那小泉來自我生命的沙漠底層的一個巨大水池。「挖掘」可能不是最好的字，因為它意味著辛勞痛苦的工作，最終才引導我到令我止渴的地方。或許我們只需要把掩蓋著井的乾沙移開，就能找到泉源。在我們的生命中可能有一大堆乾沙，但是那位希望我們能止渴的，會幫助我們把沙移開，我們只需要有那份找到水泉和吸飲它的強烈渴望就行。

你比我年輕，或許你還要看多些，看久些，才可以肯定屬靈生命是值得花一切精力去尋找的。但是，我真的對你有些不耐煩，因為我不想你浪費太多的時間！在我面前的年日將會少於我已度過的年日，而你，我希望是相反的。所以，我要現在就向你保證，你不需要在尋找中被纏繞，你也不需要成為這個擺布人的世界中的犧牲者，或沈溺於任何一種癮癖。你現在就可以找到那真正的內在自由，享受更滿足的生命。

所以，如果你有興趣開始這蒙神所愛的旅程，我還有許多話要對你說，因為這屬靈的旅程不單是個抉擇，而是需要一些知識才能去越過的境界。我不希望你像我們一些屬靈的先師們一樣，在沙漠中迷失了四十年，我也不希望你好像我遲延那麼久。你是我真心所愛的好朋友，雖然每一個人都要自己去學習，我還是相信我們能幫助那些我們所愛的人，避免去犯同樣的錯誤。在屬靈生命的境地，我們需要引導。藉著以下我要為你寫的幾章，我願意成為你的引導，我希望你還有興趣繼續走下去。

成為蒙神所愛的

活出真理

親愛的朋友，屬靈生命始於被愛，也因著蒙神所愛得以滿足。我這麼說是因為只要我們瞥見這真理，就肯定要走上尋求真理的道路，找不到真理就絕不罷休，而且，只有在真理裏面我們才能得到安息。從我們一開始相信這蒙神所愛的真理，我們就得面對原來的自己。成為蒙神所愛的人是一個我們都要經過的偉大屬靈歷程。奧古斯丁說的話：「我的靈只有在神祢裏面才得安息」，就把這個歷程形容得十分恰當。事實上我不斷地尋求神，不斷地掙扎著要發掘完全的愛，說明我已經嘗試過神的甘甜、愛的美，以及真理的確實。我只能尋求那些在某種程度上我已經找到的東西。如果不是我內心深處已經認識美麗和真理，我又如何懂得尋找美麗和真理？在我們一切人類的潛在記憶裏，彷彿有我們失去的樂園；也許「純真」這兩個字眼會比「樂園」貼切。在我們開始有罪惡感之前，我們是純真的；在我們進入黑暗之前，我們是屬於光明的；在我們尋找家園以前是有家的。隱藏在我們心靈深處的是個我們在尋找的寶藏，我們知道它的珍貴，因為寶藏內藏有我們最渴望得到的恩賜，就是戰勝死亡的生命。

我們不只是蒙神所愛的人，我們也要成為蒙神所愛的人；我們不只是神的兒女，我們也要成為神的兒女；我們不只是弟兄姐妹，也要成為弟兄姐妹……如果這一切都是真的，我們要怎樣才能掌握這個「成為」的過程？如果屬靈生命並非只有「是」的層次，也要有「成為」的經歷，那麼，這個「成為」到底是怎麼一回事？

以你這麼務實的人，你肯定會問，如何使第一種純真變成第二種純真？從第一個童年轉為第二個童年？從**是個蒙神所愛的人**到徹底**成為蒙神所愛的人**？這個重要的課題逼使我們放棄浪漫或完美主義，切實面對我們日常生活中赤裸裸的現實問題。**成為蒙神所愛的人，意思就是讓蒙神所愛的真理在我們所想、所說、所做的每一件事上體現出來。**這是個漫長、痛苦的過程，要不斷地付出愛；更貼切地說，要將自己化為愛。如果「成為蒙神所愛的」只是個美麗的想法或崇高的意念，置於高處用來避免自己陷入低潮，這樣的生命事實上是沒有改變的。我們必須在自己每天生命中的一般事情上，成為蒙神所愛的人，一點一滴的彌合自我認識與日常生活中無數具體事件之間的差距。成為蒙神所愛的人的過程是將上頭所啟示的真理，帶進自己每時每刻所想、所說和所做的一般事物中。

當我想到你、羅冰和其他朋友的生活時，我頗留意到你們所承擔的壓力。你和羅冰住在紐約市中心的一所小公寓，必須不停地工作以賺取足夠的錢支付租金和伙食。你們有上千件小事要處理：通電話、寫信、購物、煮食、與親友保持聯繫、知悉本市、本國和世界所發生的事。這一切對一個人來說的確繁重，而通常是這些生活瑣事為我們提供了談話的內容。一句「你好嗎？」，就讓我們扯上婚姻、家庭、健康、工作、金錢、朋友、眼前計劃等實際課題，但又不常促使我們思想存在的由來和目標。然而我仍確信，我們存在的由來和目標與我們日常所想的、所說的和所做的息息相關。當我們最深切的真理就是蒙神所愛，並以此為我們最大的喜樂和平安時，它就反映在我們飲食起居、言談作息，以及愛的方式中。如果我們生命深處的水流不再對水面的波浪產生影響時，我們的活力將最終衰退，即使忙碌也會覺得無精打采、無聊空洞。

如何成為蒙神所愛的人，並在我們的日常現實生活中反映出來？這個過程就是我目前要寫的。我所要描述的是聖靈在我們裏面的運作，以及在周圍的善工。你也知道，我們生活在一個十分講究「心理」的時代，對於情緒、感情和感覺的事認識不少；也清楚我們早年的經驗和現在的行為是息息相關的。我們世故得摸得著自己性心理的發展，明瞭自己的軟弱和剛強；我們懂得自衛，懂得把自己的需要和恐懼投射到他人身上，我們也知道失去自信會妨礙創新。對於心理歷程，我們瞭如指掌；問題是，我們能否同樣明瞭自己的屬靈歷程？我們能否像觸摸自己的心理「動力」一樣，觸摸那成為蒙神所愛的人的神祕過程？

你也許會懷疑，究竟心理的動力和聖靈的運作，是否真的如此懸殊？我認為，二者雖相關，卻是有異的。我所要描述的，是如何將聖靈的愛體現在我們日常的掙扎中，又如何培養紀律以確認聖靈的工作，並以行動回應。

我發現要確認聖靈在我們生命中的運作，有四個詞語是十分有幫助的：「拿起」、「祝謝」、「擘開」、「分給」。這四個詞語總結了我作為一個牧者的生活，因為每天當我和會眾圍在聖桌前時，我拿起餅祝謝，擘開分給他們。這些用詞也總結我作為一個基督徒的生命，因為作為一個基督徒，我蒙召作世界的餅：被拿起、祝謝、擘開、分給他人。最重要的是，它們總結我作為一個人的生命，因為在我生命中的每時每刻，在某地、在某種情況下，我都會被拿起、祝謝、擘開、分給他人。

此刻我一定要告訴你，這四個詞語是我的生命中最重要的。我對它們的認識是漸進的，但我想我永遠無法知道其深度。它們是最廣泛也是最親切的詞語；所表達的是最屬靈，也是最屬世的真理；能談及的神性，也是最人性的行為；上達至高者，下至卑微的，從神到全人類都涵蓋了。它們精煉地表達複雜的人生，涵蓋其中不斷解開的謎。它們不單是理解以色列偉大先知和拿撒勒人耶穌的鑰匙，更是理解我們生命的關鍵。我選擇它們不單是因為它們深刻地影響我的生命，也因為它們使我認識到如何成為蒙神所愛的人。

I、揀選

要成為蒙神所愛的人，我們首先必須承認我們已經「被拿起」。這初聽起來可能覺得很奇怪；然而，「被拿起」對成為蒙神所愛的是很重要的。我已經說過，我們只有知道自己是蒙神所愛的，才會渴望成為蒙神所愛的。所以，在我們的屬靈生命中，第一步就是以我們整個人去確認我們已經被拿起。

「被拿起」這個詞語可能有點冷漠，在這裏我們改用「蒙揀選」，或許有所幫助，因為它比較溫馨、柔和，但又具有同樣意義。作為神的兒女，我們是蒙神揀選的。

我希望「蒙揀選」這個詞語能打動你的心；它對你應該有特別的意義。作為一個猶太人，你知道被視為神的選民有正面與負面的後果。你常告訴我，你家庭所繼承的豐富傳統，祖父母的深厚信心，還有那將你父母和你民族的神聖歷史聯繫起來的許多傳統。但你也告訴我，猶太「古」國所遭受的殘酷集體逼害，和你的父母長途跋涉到美國的痛苦經歷。雖然你並沒有直接受逼害，但你知道這些可怕的事情如何威脅你的生命，甚至已經成為你個人歷史的一部分。你舉出反猶太主義者如何以不同形式到處潛行，最近在歐美所發生的事件使你更確信「歸咎於猶太人」並非過去的事。如果一部分的你抗議蒙揀選的觀念，並不足為奇。我也覺察到自己生命中有同樣的遭遇。作為一個被按立的牧者，我常常被視為特別人物，是被「分別」出來、被選為與眾不同的。我常嘗試表示或證明我「只不過是我」（“Just me”；是我名字簡稱“J.M.”的另一解釋！），也不期望高人一等，或被當作有特別身分。跟你一樣，我也意識到，你一旦被視為蒙揀選的，在受到羡慕時也難免要遭受逼害。

然而，我深信，要有屬靈的生命，我們一定要先肯定自己是「被拿起」或「蒙揀選」的。讓我嘗試加以解釋這些詞。當我知道蒙揀選，就知道自己已經被視為獨特的人，有人注意到我的特點，願意親近我、愛我。當我告訴你，作為被愛的人，我們是神所揀選的，我的意思是我們已經蒙神在永恆中垂注，並視為獨特、親密和珍貴的人。對於「蒙揀選」這個詞，我覺得不容易貼切地表達出其意義的深度，但我希望你願意從心裏聽我的話。亘古以來，遠在你出世、成為歷史的一部分之前，你已經在神心中。遠在你的雙親欣賞你，你的朋友公認你的天賦，或者你的老師、同事與僱主鼓勵你之前，你已蒙揀選。愛的眼睛已視你為珍貴、極美，且具永恆價值。當愛做選擇時，是以完全的靈敏去揀選蒙揀選者的獨特之美，而且沒有讓任何人覺得被排斥。

在此我們觸及一個屬靈的奧祕：蒙揀選並不等於其他人被厭棄；在我們這個競爭劇烈的世界裏，這是很難領會的。在我的記憶中，凡涉及獲選的都關係到別人不被選。當我不被選進足球隊、不被選為童子軍隊長，或者被選為聖職班「班長」或榮獲特別獎賞時，常常都是有人歡喜有人愁。競爭和比較總是並存的。多少時候我聽到這些話：「你不被選並不是因為你不好，只是別人好一點。」但是，即使這些話也起不了安慰的作用，因為總有被拒絕的感覺。當我獲選為最優秀的一位時，我總會想到其他不被選中的人是多麼失望。此時此刻，我需要有人告訴我：「你被選並不是因為別人不好，只是你比別人好一點。」可是這些話同樣無補於事，因為我無法使別人像我一樣開心。在世上，你獲選只不過是把你和別人對比後分出來的結果。你知道在我們這個極度競爭的社會，獲選者會得到怎樣特別的注意。許多雜誌整本都是專為在運動場上、電影界、音樂演藝圈等方面的菁英而作的，他們是被選的，他們的崇拜者——無論是讀者、聽眾或觀眾都希望因著認識或接近他們，得到歡樂。

被揀選為神所愛的是截然不同的，不但不須排除別人，反而要容納他們；不但不把他們當作不太有價值而拒絕他們，反而要接受他們的獨特之處。這不是通過競爭的挑選，而是本著愛心的抉擇。我們的腦子不容易掌握這個事實，也許我們的頭腦根本無法領悟，可能只有我們的心才有辦法做到。每當我們聽到「選民」、「經選拔的天才」或「所選的朋友」時，我們自然地開始想到菁英，接著就發現自己近乎妒忌、惱怒或反感。因對別人獲選的觀感導致暴力、侵犯，甚至戰爭是司空見慣的。

但我懇請你，不要將「蒙揀選」這個詞交給世界，勇敢地確認它是你的，即使它時常被誤解。你要抓緊你是蒙揀選的真理，這真理是你建立蒙神所愛的生命的磐石。當你和蒙揀選的真理脫節時，你就會讓自己暴露在自棄的引誘裏，這引誘將動搖你成長為蒙神所愛者的可能。

當我往內心看，又環顧四周時，我被黑暗的聲音震驚，它告訴我：「你沒有甚麼特別；你只是千萬人中的一個；你的生命只是另一張等吃的口，你的需要也不過是另一個有待解決的問題。」這種聲音愈來愈強烈，尤其是在充滿破裂關係的時代。很多孩子從來沒有真正感覺到他們是受人歡迎的；在他們緊張的笑容後，經常隱藏著一個問題：「真的有人要我嗎？」有些小孩甚至聽到他們的母親說：「其實我並沒有期待你來，只是當我發現自己懷孕時，我才決定就這樣把你生下……你可以說是個意外。」這一類的言談、態度毫不使人覺得是被「挑選」的。世上有太多人問：如果我不曾出生會不會好些？當我們不覺得被給予我們生命的人所愛時，我們常會因自卑而痛苦一生，並且導致沮喪、失望，甚至有自殺的傾向。

在這個殘酷的現實裏，我們要勇於重新確認我們是神所揀選的，即使我們的世界並不選擇我們。只要我們允許父母、兄弟姐妹、老師、朋友及愛人決定我們是否被選擇，我們就會被困在令人窒息的世界中，按著世界講求效率和操控的議程來被接受或拒絕。這確認的過程是艱難的，是一輩子的工作，因為世界不斷賣力地將我們拖入一個使人自疑、自卑、自暴自棄，以及意志消沈的黑暗中。這是因為缺乏安全感、充滿恐懼的人是最容易被周圍的勢力所利用、所擺布的。當我們重新確認我們蒙神揀選時，一場大規模的屬靈戰爭就此展開，永不終止。

早在任何人看見到我們之前，我們已蒙神愛的眼光垂注；早在任何人聽見我們哀哭歡笑之前，我們已蒙神垂聽；早在任何人對我們說話之前，永恆愛的聲音已對我們說話。我們的珍貴、獨特、存在不是那些按時間(即屬世的短暫年日)與我們相遇的人給我們的，而是來自那位以永恆的愛揀選我們的，這愛是萬古長存的。

我們如何在充滿排斥的環境中抓緊我們蒙揀選的身分？我已說過，這涉及真正的屬靈掙扎。在這樣的掙扎中是否有準則可依？讓我嘗試理出一些。

首先，你要不斷除掉世界加諸於你的假面具：操縱、支配、權力狂都是屬於世界的，最終只會帶來毀滅。世界對你說了許多謊話，告訴你你是誰，你要很踏實地提醒自己不要受騙。每當你覺得受傷害、被冒犯或排擠，你要勇敢地對自己說：「這種感覺即使很強烈，但並不代表真的我。事實上我是神所揀選的兒女，即使我此時此刻尚未感受到。我在神眼中是珍貴的，祂愛我直到永遠，讓我在那長存的懷抱裏得享平安。」

第二，你一定要不斷地尋求傳講真理的人羣和地方，使自己得到提醒，以記得你蒙揀選的堅定身分。是的，我們要勇於清醒地為我們蒙揀選的身分做出抉擇，不讓我們的情緒、感覺和情感引誘我們陷入自暴自棄中。會堂、教會、許多的信心團體、幫助我們脫離任何陷溺的支持小組、家庭、朋友、老師或學生都能提醒我們記得真理。那些與我同享人性的，常常能以他們既有限，有時又是破碎的愛為我們指出我們是誰的真理：在神眼中我們是珍貴的。這真理不只是內在的真理，來自我們內心，也是揀選我們的至高者啟示給我們的真理。這就是為甚麼我們要不斷地聽取歷史上的許多人物對我們的呼籲，通過他們的生命和話語叫我們回到真理。

第三，你要時常為著蒙揀選的身分慶賀，這意味著向神說「謝謝」，因祂揀選了你，也向所有提醒你是蒙揀選的人說聲「謝謝」。感激能有效地讓你更確信自己並非「意外」，而是聖潔的揀選。要注意，我們常有表示感激的機會卻沒有去用它。當我們得到仁慈的款待、當情況轉佳、當困難獲得解決、當關係得以恢復、傷口被醫治，我們都有充分的理由獻上感謝：用言語，用花朵，用一封信、一張卡、一通電話或只是真情流露的動作。然而，同樣的情況也可以成為批評、懷疑，甚至冷嘲熱諷的場合，因為當有人對我們仁慈時，我們可以懷疑他的動機；當情況扭轉時，卻說其實可以有更好的轉機；困難獲得解決後，取而代之的是另一個問題；關係恢復時總要問：「可以維持多久？」傷口雖復合，餘痛卻未了……找到感激的理由的同時總是有理由抱怨；就是這種情況讓我們有作出選擇的自由。我們可以決定感激，還是要抱怨。我們可以在此刻決定要承認我們是蒙揀選的，或是把焦點放在陰影的那一邊。當我們老是看陰影的一面，最終就會陷入黑暗中。在我們的團體裏，我每天都看到這種情形。團體中的核心成員，就是那些智障人士，大可有許多抱怨的理由。他們很多正經歷極度的孤單，受家人、朋友的遺棄，無法達到有終身伴侶的願望；而且因為常常需要有人扶助而懊惱。然而，他們選擇不抱怨，反而感激生命中的許多小禮物——晚宴的邀請、幾天的退修會或生日慶典，最重要的是感激在團體的日常生活中給他們友誼和支持的人。他們因選擇感激捨棄抱怨而成為別人的希望和激勵，叫他們的助理雖沒智障也須作出同樣的抉擇。當我們不斷地確認光，我們就會發現自己愈來愈容光煥發。令我驚喜的是，每當我們決定感激時，就更容易看到讓我們感激的新事物。感激產生感激，好比愛生出愛來。

我希望這三項讓你抓緊蒙揀選身分的準則，可以給你在日常生活中有所幫助。至於我，這些準則是我蒙揀選的生命中的屬靈紀律；實踐出來並不容易，特別是處於危急關頭的時刻。在我未有意識之前，我已再次陷入埋怨，為著某種排斥而灰心喪氣，甚至計謀報復。但當我將我的紀律牢記在心裏時，我就有能力跨出我的陰影，步入真理的光明中。

在我總結我對「蒙揀選」的想法之前，我要向你強調，這個真理對我們和他人的關係的重要。當我們確認並不斷地再次確認這蒙揀選的真理時，很快的就會發現我們內在有一股強烈的願望，要向他人揭開他們本身蒙揀選的身分。我們對自己蒙揀選的認識，並不使我們覺得自己高人一等、比別人珍貴或有價值，而是開啟我們的眼睛，讓我們看到別人也蒙揀選。這是蒙揀選的大喜樂：發現別人也蒙揀選。在神的家有很多住處，每個人都有一個獨特、專為你而設的地方。我們一旦深信自己在神眼中是珍貴的，就能辨認別人的珍貴和他們在神心目中的珍貴地位。這讓我想起我們團體中的一名智障成員海倫。幾年前她剛來黎明之家時，我覺得和她很疏遠，甚至有點怕她。她活在自己的小世界裏，只發出一些令人困惑的聲音，也不與人來往。但當我們逐漸認識她，並且相信她也有獨特之處時，她就慢慢地從她的孤立中走出來，開始對我們微笑，後來為整個團體帶來很大的喜樂。

我現在領悟到，必須把握自己的可取之處，以發掘海倫的獨特優點。只要我讓自己的懷疑和恐懼牽制我，就無法為海倫製造一個空間，讓她向我展示她的美麗。一旦我確認本身蒙揀選的身分，就可以和海倫相處，並發現她對我有很多可借鑒之處。要為神的愛去競爭是不可能的，神的愛包容所有的人——每一個人都是獨特的。我們只有確認自己在神的愛裏，才能體驗這大愛、不比較的愛，才能有安全感；不但與神有這關係，也和所有的弟兄姐妹分享這關係。

你我都知道這一切對於生命有多真實。我們已是多年的朋友，開始時還有些較量、妒忌、競爭。但隨著我們年齡的增長，對自己的獨特之處也逐漸肯定後，我們之間的競爭漸漸消除。我們更能互相肯定，並發揮彼此的恩賜。我喜歡和你在一起，是因為我知道你欣賞的是我，而不是我能為你做些甚麼。我探望你時，你會感到開心，是因為你知道我欣賞你的善良、你的優點，以及你的許多恩賜——不是因為它們對我有益處，只因為你是你。深厚的友情使對方蒙揀選的身分起作用，並且互相肯定我們在神眼中的珍貴。你的生命和我的生命都是獨特的，沒有人曾活過你或我的生命，將來也不會有人能重過你我的生命。我們的生命是人類生存拼圖中不平凡的兩塊——是無可取代的無價之寶。

蒙揀選是成為蒙神所愛的基礎。確認蒙揀選的身分是一生的掙扎，也是一生的喜樂。我們愈是徹底的確認，就愈容易發現蒙神所愛的另一個層面：蒙祝福。現在就讓我和你談這個課題。

II、祝福

作為神所愛的兒女，我們是蒙祝福的。「祝福」這個詞在過去幾年變得對我很重要，而你是使它變得重要的其中一位朋友。

你可記得，在紐約市的一個星期六上午，你帶我到猶太會堂？我們抵達時發現當天正舉行猶太男孩的成人禮儀，一名十三歲的年輕人要接受會眾宣告他已成年。這是他第一次帶領崇拜。他朗讀創世記，並以環保的重要為題作一篇短講。然後由拉比(猶太人的老師)和他的朋友肯定他，父母為他祝福。這是我第一次見證猶太男孩的成人禮儀，我非常感動，尤其是父母的祝福。我還記得他的父親如此說：「我兒，無論甚麼事發生在你身上，成功與否，是否成為重要人物，將來健康與否，要永遠記得你母親和我多麼愛你。」當他在會眾面前說這番話，溫和地望著那男孩時，淚水湧上我的眼睛，我想，「這是多麼滿有恩惠的祝福。」

我愈來愈覺得，我們這些充滿恐懼、焦慮、沒有安全感的人是多麼需要祝福。兒女需要父母的祝福，父母需要兒女的祝福。無論是師傅和徒弟、拉比和學生、主教和神父、醫生和病人之間，都需要彼此祝福。

讓我先告訴你「祝福」這詞的意思。拉丁文的「祝福」是 *benedicere*。在許多教會，「祝福」(benediction)字面的意思是：美(*bene*)言(*dictio*)或說祝福人的話。我同意這種說法，我需要聽到別人對我說美言，我知道你也有同樣的需要。我們常說，「我們需要彼此肯定。」缺少肯定，就很難活得美好。祝福別人是我們可以給予最有意義的肯定，勝於一句稱讚或感激的話，勝於賞識某人的天分或善行，勝於讓人覺得光彩。祝福就是給予肯定，肯定一個人是蒙神所愛的。不但如此，祝福是要使祝福的內容成真。人間有不少互相仰慕，也有太多相互指責。祝福超越仰慕和指責、美德和敗壞、善行和作惡的分別。祝福觸及另一個人原有的良善，使他或她蒙神所愛的身分發揮作用。

不久前，在我的團體裏，我親身經歷了真正祝福的能力。在我們開始禱告聚會之前，團體裏一位殘障成員珍妮特對我說：「亨利，你可以為我祝福嗎？」我的自然反應就是在她的額頭上畫了個十字架。她不但不感激，反而抗議道：「不，這樣沒用，我要真正的祝福！」我頓時恍然大悟，對於她的要求，我的反應竟是如此儀式化！我便說：「哦，對不起！當大家在一起禱告時，我給你真正的祝福吧。」她點頭微笑；我明白我有必要作特別的安排。聚會後，約有三十個人圍成圓圈，席地而坐，我說：「珍妮特要求我為她特別祝福，她覺得現在有這樣的需要。」當我這麼說時，我並不知道珍妮特真正要的是甚麼，但珍妮特很快地讓我們疑雲消散。

當我一說「珍妮特要求我為她特別祝福」時，她就站立朝我走來。當時我穿著白色的長袍，袖子遮蓋了我的手臂和手掌。珍妮特突然環抱我，把頭靠在我的胸前，我毫不思索地用我的袖子遮蓋她，她幾乎消失在我的長袍裏。當我們彼此環抱時，我說：「珍妮特，我要你知道，你是神所愛的女兒，你在神眼中是珍貴的。你美麗的微笑，你對家裏的人的友愛，以及你所做的一切善事，都說明你是個多麼美好的人。我知道你最近覺得有點消沈，心中有些哀傷，但我要你記住，你是個獨特的人，神和這裏所有的人都深愛你。」

當我說這些話時，珍妮特抬起頭望著我，她燦爛的笑容說明她完全聽懂也領受了祝福。她回到座位後，簡——另一位有殘障的婦女舉起手說：「我也要得到祝福。」於是，她站起來，我還沒來得及反應，她已經把頭靠在我胸前了。我說了祝福的話之後，更多殘障人士跟著表示要被祝福。然而，最令人感動的一刻，是當其中一位助理，一名二十四歲學生舉起手說：「我呢？」的時候。我回答道：「當然可以，來吧。」於是，他上前來。我們面對面站立，我雙臂擁著他，說：「約翰，你在這裏實在是太好了。你是神的愛子，你是眾人的喜樂。當情況困難、生活艱苦時，要常常記住，你被永恆的愛所愛。」當我說這些話時，他含著淚看著我，然後說：「謝謝你，非常謝謝你。」

那天，我認識到祝福和被祝福的重要，並再次確認，祝福是蒙神所愛的真正表記。我們之間的相互祝福表達了永恆的祝福，也最深切地肯定真正的自我。被揀選是不夠的，我們還需要不間斷地接受祝福，讓我們歷久常新地聽到我們是屬於滿有愛的神，祂絕不讓我們孤單，反而時刻提醒我們，祂在我們生命中的每一步帶領我們。亞伯拉罕、撒拉、以撒、利百加、雅各、利亞與拉結都聽到那祝福，才成為我們的信心之父和信心之母。他們走過漫長痛苦的生命旅程，卻不忘記他們是蒙祝福的。同樣的，耶穌在約但，施洗約翰為祂施洗後也聽到那祝福：「這是我的愛子，我所喜悅的。」這是一個祝福，是這祝福支持著耶穌面對後來的所有讚美和誣告、仰慕和指責。猶如亞伯拉罕和撒拉，耶穌從來沒忘記這親密的肯定：祂是蒙祝福的。

我告訴你這一切，因為我知道你我的心情可有多惡劣。我們時而感覺幸福無比，時而覺得苦惱不堪；時而滿腦子新計劃，時而每件事情都顯得暗淡無光；時而可以承擔全世界，時而對一個小小的要求也覺得過分。這些情緒上的轉變説明我們不再聽到亞伯拉罕和撒拉、以撒和利百加、雅各、利亞與拉結，以及拿撒勒的耶穌所聽見的，也是我們應聽到的祝福。當我們任憑生活線上的小風浪拋上甩下時，就會被世界操縱，成為易得的獵物。然而，當我們繼續聽那深切溫和的祝福時，就可以對平安喜樂和真正歸屬有踏實的感受，有能力走完人生。

在我看來，感覺蒙祝福，和對自己的普遍感覺是兩回事。你生命中的許多艱辛經歷，讓你覺得被詛咒多於被祝福；這我也同意。其實，我想很多人都深感被詛咒的痛苦。只要在晚宴席上、在餐館裏、在工作的休息時間內聽人們的談話，我就可以聽到太多太多無奈的埋怨和投訴。很多人，有時也包括我們，總覺得自己成為這我們無法去改變的世界的犧牲品，當然，每日的報章更無法助我們面對這感覺。被詛咒的感覺遠比蒙祝福的感覺來得容易，我們也不難找到足夠的理由去支持這論點。我們可以説：「看看這世界變成怎樣了：看一看飢餓的人、難民、監犯、病人和臨死的人……看所有的貧窮、不平等和戰爭……看看折磨、殺害、對大自然和文化的毀滅……看我們每天為著人與人之間的關係、為著我們的工作、我們的健康的掙扎。」祝福在哪裏？哪裏？被詛咒的感覺很容易就來了。我們不難聽到內心有聲音説，我們是邪惡、敗壞、腐朽、沒用、毫無價值、病是活該、死是罪有應得的。相信我們被詛咒不是比相信我們蒙祝福更容易嗎？

但是，我仍要對你説，作為神的愛子，你是蒙祝福的。關於你和對你説的美言，都是真實的話。至於詛咒，儘管它們很喧嘩、吵鬧、大聲，卻是不真實的。這些都是謊言；雖容易被人相信，卻是謊言。

好吧，關於你和我是誰，如果祝福是真話，詛咒是謊言，我們就得面對一個很實在的問題：如何聆聽並確認祝福？如果我們蒙祝福並非只是一種感覺，而是一個引導我們每日生活的真理，我們一定要毫不含糊地看到、也經驗到這祝福。讓我給你兩個建議，去確認你是蒙祝福的。這和禱告與專注有關。

先談禱告。對我個人來說，禱告愈來愈成為我聆聽祝福的途徑。我讀過也寫過有關禱告的書，但當我到一個安靜的地方禱告時，我就明白禱告的真正「工作」是安靜聆聽，即使我傾向於對神說很多話，我仍靜下來聆聽那訴說我的好處的聲音。乍聽之下，這好像是自我陶醉，但事實上是難度很高的紀律。我多害怕被詛咒，多害怕聽到不好或不夠好的批評，所以，我經不起引誘就開始說話，而且說個不停，為的是要控制我的懼怕。要溫和地排除並制止那懷疑我的好處的許多聲音，並且相信我會聽到祝福的聲音……是需要真正努力的。

你曾否嘗試用一整個小時，甚麼都不做，只聆聽在心靈深處的聲音？當沒有收音機聽，沒有電視看，沒有書本讀，沒有人可以交談，沒有作業待完成，沒有電話要撥，你的感覺如何？這樣的時刻總讓我們想起還沒做完的事，以致決定放棄可怕的寧靜回去工作！我們不容易進入安靜，超越世界的許多嘈吵和諸多的要求，並發現微小而親密的聲音對我們說：「你是我的愛子，我所喜悅的。」儘管如此，只要我們敢於擁抱我們的獨處，與我們的安靜為友，我們就會認識那聲音。我並不是建議有一天你會用肉身的耳朵聽到那聲音，我所説的也不是幻覺中的聲音，而是要用信心的耳朵、內心的耳朵才聽得見的聲音。

你時常會覺得禱告並沒有產生甚麼作用，你説：「我只不過是坐在那兒讓自己分神罷了。」但是只要你培養紀律，每天抽出半個小時聆聽愛的聲音，在不知不覺中你就會逐漸發現有改變了。也許你要在回顧時才能發現那祝福你的聲音。你以為你的聆聽時刻只不過是一片混亂，但你會發現你正期待屬於你的寧靜時間；當不能持守它時，你會若有所失。神的靈的運行是很溫和、很輕柔——也是隱藏的。祂不會引人注意，但祂的運作是堅持不懈、牢固深沈的，能徹底地改變人心。忠心禱告的紀律讓你知道你是蒙祝福的，也給你能力去祝福他人。

在此，我要提出一個具體的建議，也許對大家有所幫助。一個聆聽的好辦法就是用如詩篇或禱文之類的神聖經文。印度教屬靈作家俄拿・依斯瓦然(Eknath Easwaran)讓我看到，學習背熟一篇神聖經文，然後在腦海中一字一句地重複，有極大的好處。藉此途徑，聆聽愛的聲音就不只是被動的等候，而是積極地、全神貫注地聆聽以聖經的話語向我們説話的聲音。

我用了很多半個小時，甚麼都不做，只慢慢地重複聖法蘭西斯的禱文：「主，使我作祢和平之子，在憎恨之處播下祢的愛……」當我讓這些話語從我的腦袋移到我的心時，我開始在我那不平靜的情緒和感覺之外，體會到我要從這些話語中得到的平安與喜樂。

這樣，我也有辦法對付無窮無盡、分散我注意力的事物。當我發現自己千頭萬緒時，我就回到那簡單的禱文，再一次用心聆聽我期待聽到的聲音。

第二個確認蒙祝福的建議是培養專注。我所説的專注，意思是專心留意日復日、年復年臨到你的祝福。現代生活的弊病就是太忙碌（朝錯誤的方向尋求認可？），以致叫我們看不到自己是蒙祝福的。很多時候，人們對我們的美言，我們會這樣推卻：「哦，別提了，算了吧，這沒甚麼的……」諸如此類。這些話看似謙虛，但其實反映我們沒有真正專注，去領受祝福。忙碌的人是不容易真正領受祝福的。也許沒有人樂意接受祝福的現象，悲哀地導致很少人給予真正祝福。要我們停駐、聆聽、注意，並接受給予我們的祝福已變得極為困難。

與精神有缺陷的人在一起使我對此事有所明瞭。他們有很多的祝福要給予，但如果我總是忙碌，總是趕著處理一些重要的事務，又怎能領受那些祝福？亞當是我們團體裏的一位成員，他不能説話，不能自己走動，進食需要人幫助，不能自己整裝，但是他有極大的祝福給那些肯付出時間和他在一起、扶他或只陪他坐的人。我從沒遇見任何人，是用了不少時間陪伴亞當，卻沒有感覺到被他祝福的。單單同在就是一種祝福。但你也知道，這不是件容易的事，總有太多的事情等著要辦，太多的事務得完成，太多的工作要做，使單單同在顯得無益，甚至是浪費了我們的時間。然而，沒有刻意地「浪費」我們的時間的心，是難以聽到祝福的。

這種專注的同在能讓我們看到有多少祝福等著我們去領受：在路上叫我們停下來的窮人給我們祝福，茂盛的樹木和清新的花朵告訴我們新生命的祝福，音樂、繪畫、雕刻和建築給我們祝福——這一切的一切都帶給我們祝福；但最重要的祝福來自感激、鼓勵、親情和愛心。這許多祝福的話語是無需發明的，它們就在我們周圍環繞著我們，但我們要專注並接受它們。它們絕不強加於我們，而是溫柔地提醒我們，要記起那位以美好、堅強，但隱藏的聲音呼喚我們的名字，鼓勵我們的神。

好吧，我真的希望這兩個建議——禱告和專注，能幫助你確認屬於你的祝福。我無法再強調如此確認的重要。你若不確認你是蒙祝福的，就會很快陷入被詛咒的境地。蒙祝福和被詛咒之間並沒有模糊的領域，你得選擇你要在哪裏生活，而這個選擇是你要時時刻刻作出的。

在總結我們是蒙祝福這觀念之前，我得告訴你，確認你自己是蒙祝福的常會使你深切渴望祝福別人。蒙祝福的人的特點，就是無論到哪裏總會説祝福的話。令人驚歎的是，當你發現自己蒙祝福時，祝福別人、稱讚他們、鼓勵他們、發掘他們的美麗和真實，竟然多麼輕而易舉。蒙祝福的人也常祝福別人，而人們都想得到祝福！沒有人是通過詛咒、閒話、指控或責備而生的。這種事太常發生在我們四周；它只帶來黑暗、毀滅和死亡。作為「蒙祝福的人」，我們在走過人生的同時也能給予他人祝福。這並不需要很大的努力，只要自然地從我們的內心流露出來。當我們從自己的內心聽到有聲音呼喚我們的名字並祝福我們時，黑暗就不再分散我們的注意力。那呼喚我們成為蒙神所愛者的聲音，也會給我們祝福別人的話語，讓他們知道他們所蒙的祝福並不少於我們所得到的。

你住在紐約，我住在多倫多。當你走下哥倫布大道，我走下永格街時，我們對黑暗不存錯覺。人們孤苦零丁、無家可歸和迷幻茫然都太顯而易見了。然而，這些人都渴望蒙祝福；惟有親自聽過祝福的人才能給予祝福。我覺得我現在可以和你談最難以用言語表達的真理——我們共有的破碎。我們是蒙揀選和蒙祝福的，當我們真正擁有這些，並予以肯定時，我們就能張開眼睛面對我們自己和他人的破碎。讓我們現在就這樣做吧。

III、破碎

現在我們要談論破碎這問題。你是個破碎的人，我是個破碎的人，所有我們認識或聽聞的人都是破碎的人。我們的破碎是那麼明顯、那麼確鑿、那麼實在、那麼具體，真令人難以想像我們的人生除了破碎之外，還有甚麼可以思想、討論或書寫的。

從我們相遇開始，就談到我們的破碎。你要在紐約時報的康涅狄格版寫些關於我的事情，我就告訴你我寫作是為了排除我的寂寞、孤單和恐懼，以及缺乏安全感。當我們的討論重點轉移到你身上時，你抒發了你對工作的不滿，你對沒時間、沒錢寫你自己的小說的無奈，以及你對人生感到混亂的心情。我們相遇後的一年內，當我們談到各自的痛苦時，就更能向對方敞開。其實，分擔沈重的掙扎成為我們友誼的象徵。

你曾經歷一段痛苦的分居和離婚，我也體驗過長時期的情緒低落。你對你的工作有太多的失望，對生命的意義和目的感到茫然，我則因諸多的要求榨取我的時間和精力，而感到疲憊不堪，陷入絕望。

每當我們重逢，我們對生命的破碎就有更深的感受；這並非不正常的。人們聚在一起時，容易把焦點放在他們的破碎上。備受賞識的音樂創作、最令人矚目的繪畫雕刻、最被廣泛閱讀的書籍，都常是人們對破碎有所領悟的直接表達。這個領悟從不與人存活的問題脫節，因為我們都知道沒有一個人可以逃避死亡——這是破碎最徹底的表彰。

以色列的領袖和先知們顯然都是蒙揀選和祝福的，但他們都度過非常破碎的人生。我們——神所愛的兒女，也不能逃避我們的破碎。

我有太多關於我們的破碎的事要對你說，但從何談起？

也許最簡單的開始，就是提出我們的破碎在某些方面顯出我們是誰。我們的痛苦不只是我們生命中一些令人厭煩的干擾；相反的，它們所觸及的是我們的獨特和最親密的自我。我的破碎告訴你我的獨特，你的破碎告訴我你的獨特。這就是為何當你毫無顧忌地向我抒發你一些沈重的痛苦時，我會覺得自己非常榮幸；而當我向你敞開我脆弱的一面時，是表明我對你的信任。我們所經歷和體會的破碎是極為獨特的、內在的，也是屬於個人的。我深信每一個人都有各自經歷的痛苦，是別人未曾經歷的。當然我們可以互相比較，可以討論痛苦的多少；然而，你的痛和我的苦是各自深沈的體驗，互相比較也難以釋懷，不能帶來任何安慰。其實，我寧願別人認同我在痛苦中是孤單的，勝於對我說很多人得承受同樣或更大的痛苦。

我們的破碎實在是我們自己的，不是別人的。我們的破碎如我們蒙揀選和祝福同樣獨特。我們遭受破碎的經歷與我們蒙揀選、蒙祝福的過程，同樣顯出我們的自我。是的，這聽起來似乎很可怕，作為神所愛的人，我們蒙召承受我們獨有的破碎，就好像我們必須確認我們蒙揀選和蒙祝福的獨特一樣。

我現在應該嘗試進一步仔細地討論我們遭破碎的經歷。我已經說過，這是個人的經驗。在我們所處的社會，這種經驗通常是內心的破碎——心靈的破碎。雖然很多人承受肉體或精神上的缺陷，到處有經濟貧窮、流離失所、欠缺基本的民生所需，但是我最清楚的是破碎的心每天所承擔的痛苦。一而再再而三的，我看到夫妻之間、父母與兒女之間、戀人之間、朋友之間和同事之間，因關係破裂而產生極大的痛苦。在西方社會，最大的痛苦莫過於被遺棄、被忽略、被看不起，以及不被理會。在我的團體裏有許多殘障人士，他們最大的痛苦並非來自殘障本身，而是隨之而來的一無是處、毫無價值、不獲賞識和不被人愛的感覺。接受自己不能言語、行走、進食，比接受自己在別人眼中沒有特別的價值更容易。人能以堅毅承受極大的剝奪，但當我們覺得再也沒甚麼可以為別人付出時，就會很快喪失對生命的把握。我們本能地知道，生命的喜樂來自大家的共處，而生命的痛苦是因為我們在多方面無法做到這一點。

顯然，我們最痛苦的破碎經歷，通常是在性方面。我和我的朋友們的掙扎説明我們的性狀態，是怎樣支配我們對自己的想法和感覺。我們的性狀態讓我們知道，我們對人與人之間的聯繫有極大的嚮往。我們身體的渴望——被撫摸、被擁抱，得到安穩的支撐——都是屬於心靈最深處的期盼，也是我們尋求完整的具體表徵。正因渴望聯繫，才讓我們經歷那麼多苦惱。我們的社會是多麼支離破碎，我們的家庭生活被現實和情感上的距離所分隔，我們的友誼是零散的，我們的密切關係建立在事情上，而且常是功利的；實在太少地方讓我們覺得真正安全。我注意到自己的身體，很多時候都處於緊張狀態，經常防備，很少完全放鬆自在。到我住的多倫多近郊區，看看那些矯飾的豪宅；醜陋的購物商場催促著人大量消費；誘惑人的廣告，使盡魅力向你承諾舒適和享受——與此同時森林被鏟除、溪流枯乾，鹿羣、兔子、飛鳥被驅逐——難怪我的身體要吶喊，需要能治療的撫摸和帶安慰的擁抱。當有關我們的每一件事都被過分誇大、過分刺激我們的感官，當滿足我們內心需要的東西帶有些許誘惑成分時，就難怪我們要被瘋狂的幻象、放蕩的夢想和令人不安的情緒與思潮所困擾。正是這種我們最有需要、最脆弱的情況，使我們最經歷破碎。我們的環境支離破碎，且商業化，使我們幾乎不可能找到一個使我們整個人——身體、精神、內心——可以感到安全、有保障的地方。不管我們是在紐約或多倫多的街上走，都不難從我們的心靈肺腑中去感受這世界的焦慮和痛苦。

愛滋病(AIDS)的流行該是當代破碎最明顯的寫照，是愛和死激烈的糾纏。年輕人冒生命之危去尋求親密和聯繫。哭號似乎在我們空蕩的社會回響：死比活在長久的孤單更好。

看著愛滋病病人死去，看著他們的朋友自發地以寬大的胸懷組成團體，用友愛、物資、以及屬靈上的幫助來支持他們，令我常常想，這個恐怖的疾病可不是在清楚地呼喚世界轉變，自競爭、敵對、孤立劇增的毀滅中回轉。是的，愛滋病的危機正催促我們重新面對人的破碎。

我們要如何回應這破碎？我有兩個建議：第一，與它友好；第二，把它放在祝福裏。我希望你能在自己的生命中實踐這兩個方法。我曾嘗試，而且不斷地嘗試，有時成功，有時失敗；但我相信，這兩個方法引導我們步上處理自己的破碎的正確方向。

對我們的破碎的第一個反應就是面對它，與它友好。這似乎不很自然。我們對痛苦的直覺反應是迴避它、遠離它、不理它、躲開它或否認它。痛苦——無論是肉體上的、精神上的或感情上的——幾乎都是不受歡迎的，我們把它當作是對我們生命的侵略，認為它是不該存在的。積極看待痛苦即使不是不可能，也是很難的。人們不惜代價要避開它。

如果這真是我們對破碎的自然反應，難怪和它友好的說法乍聽之下像是自我虐待。儘管如此，我自己生命中的痛苦教導我，治療的第一步並非離開它，而是靠近它。其實，當破碎像我們蒙揀選和蒙祝福，成為我們親密的一部分時，我們就會勇於克服這懼怕，並且逐漸熟悉它。是的，我們要有勇氣接納我們自己的破碎，使我們最恐懼的敵人成為朋友，承認它是個親密的伙伴。我相信，醫治常常是那麼困難，因為我們不去認識痛苦。所有痛苦都是這樣的，破碎的心靈所帶來的痛苦更是如此。當我們無法面對而老是逃避遭嫌棄、被隔絕、被冷落、受虐待、在感情上被操縱這些痛楚時，只會使我們麻木。我們在痛苦中所需要的指導，首要的是引領我們靠近自己的痛苦，使我們知道無需躲避它，而是與它為友。

我清楚記得我去你家的那天，才知道你剛離了婚。你的痛苦是沈重的，你看到一生的夢想破滅，你不再覺得未來有意義，你感到孤單、內疚、焦慮、羞恥，也深感被背叛。痛苦刻在你的臉上，那是你生命中最艱難的時刻。我剛好在紐約，順道去探望你。我能説甚麼？我知道不管怎樣的提議，説你會把事情淡忘，説想想一些愉快的事，或者説事情沒有你想像的那麼壞，都是毫無用處的。我知道我所能做的一件事就是與你在一起，陪伴你，勸勉你無需逃避你的痛苦，並相信你有能力在痛苦中站起來。現在事過多年，你可以説你的確能在痛苦中站立起來，而且因痛苦而變得堅強。當時，這似乎是不可能的事；然而，這是惟一我能叫你做的。

我個人對悲痛的經歷是面對它、度過它，這是醫治的最佳途徑。但靠我自己是做不到的，我需要有人幫助我度過痛苦，向我肯定，悲痛後有平安，死亡後有生命，愛超越恐懼。現在我至少知道，嘗試躲開、壓抑或逃避痛苦，就如砍掉一個經細心照顧就可醫好的肢體一樣。

這個深刻的真理是，人間的痛苦無需成為我們渴望喜樂平安的絆腳石；相反的，可以成為得到喜樂與平安的途徑。神所愛的兒女的屬靈生命，一個重要的祕訣是，生活中的一切，無論高興或悲哀，喜樂或痛苦，健康或疾病，都可以成為我們完滿體現人性的部分旅途。我們很容易說：「一切美好的事物都會帶給我們神兒女的榮耀」，卻很難對人說：「你難道不知道我們都得經歷痛苦，才能進入我們的榮耀嗎？」儘管如此，真正的關心代表願意互相幫助，讓我們的破碎成為通往喜樂的門檻。

對破碎的第二個回應是，將它放在祝福裏。對我來說，「將我們的破碎放在祝福裏」是與它友好的先決條件。我們害怕面對破碎，是因為我們在詛咒下過著破碎的生活，意思是我們以經歷痛苦來肯定自我的負面感覺。這就是說：「我常常覺得自己是沒有用的、毫無價值的，現在因為發生在我身上的事，我更是這樣想了。」我們內心總是要為我們生命中所發生的事尋求解釋，如果我們早已經不起引誘而變得自暴自棄，那麼，每個不幸只會叫我們加倍沮喪。當我們經歷家人或朋友的死亡，當我們失業、考試不及格、生活中面臨分居或離婚、戰爭爆發、地震毀壞我們的家園或讓我們受害，就自然會問「為甚麼？」「為甚麼是我？」「為甚麼是現在？」「為甚麼是這裏？」沒有答案的日子是難以忍受的，所以我們很容易被誘導用有意識或無意識的評估去聯想自己無法控制的事情。如果我們詛咒自己，或容許別人詛咒我們，我們就會被引誘，將我們所經驗到的破碎解釋成詛咒的表達或明證。在我們完全意識這引誘之前，我們已經對自己說：「瞧，我常常認為自己不好……現在真的是這樣，擺在眼前的事實已證明一切了。」

神所愛的兒女所蒙最偉大的屬靈呼召就是，使他們的破碎擺脱詛咒的陰影，並且放在祝福的光輝中。這談何容易。我們周圍的黑暗勢力是很強勁的，而我們的世界要操縱自暴自棄的人比對付自我接納的人來得容易。但當我們不斷地留心聆聽那呼喚我們為愛子的聲音時，要度過我們的破碎就變得可能；這不是肯定我們毫無價值的恐懼，而是給我們機會，潔淨和深化臨到我們身上的祝福。在祝福裏帶著肉體、精神或感情上的痛苦活出生命，與在詛咒下挨著肉體、精神或感情上的痛苦度日，是截然不同的。

即使是很小的負擔，將它視為自己無能的徵象，就會導致我們陷入消沈中——甚至自殺。然而，沈重的負擔在祝福的光照下，就會變得輕省容易。看似難以容忍的，卻成為挑戰；看似叫人消沈的，倒變成潔淨的泉源；看似懲罰，其實是溫和的修剪；看似嫌棄，卻是通往深厚團契的途徑。

所以，重要的是讓祝福在破碎中安撫我們；這樣，破碎就會逐漸成為管道，引導我們完全接納自己是蒙神所愛的。這就解釋為甚麼在極大的痛苦中可以經驗真正的喜樂，這是一種經操練、得淨化、被修剪的喜樂。正如運動員在比賽中經驗艱辛的同時，嘗到確知接近目標的甘甜；同樣的，蒙愛者的痛苦經歷可以是他們所渴望的深入聯繫的管道。此時，喜樂和悲傷不再對立，而是同一個渴望的兩面，是蒙神所愛的人要成長至完全的渴望。

嗜酒者互誡協會(Alcoholics Anonymous)、嗜酒者子女互助協會(Adult Children of Alcoholics)與暴食者互誡協會(Overeaters Anonymous)等團體，採用不同的十二步驟方案，都是將我們的破碎放在祝福裏，使破碎成為新生的途徑。所有的癮癖都使我們成為奴隸，但每當我們公開承認我們需要倚靠，並表達我們信靠神能真正釋放我們時，我們受苦的緣由就成為希望的來源。

我清楚記得，我曾一度完全倚賴一個人的鍾愛和友情，這樣的倚賴將我拋進一個痛苦的深坑，使我瀕臨自我毀滅的消沈中。但自從得到幫助，我開始將人際關係的沈溺，化作完全降服慈愛神的需要。祂滿足我心靈最深切的渴望，讓我開始對所倚靠的完全改觀；我不再活在羞恥和難堪裏，卻能迫不及待地回應神對我無條件的愛，是一種我可以毫無畏懼地倚靠著的愛。

好吧，我親愛的朋友，我想知道，以這樣的方式談我們的破碎是否對你有幫助。與它為友，並將它放在祝福裏，未必能減輕我們的痛苦。其實，這樣做常使我們更清楚我們的傷口有多深，期望它消失是多麼不實際的。與智障人士的相處，使我愈來愈覺察到，我們的傷口常是我們生命結構的主要部分。被父母嫌棄的痛苦、不能結婚的難處、經常需要人幫忙的悲哀，甚至最「平常」的事務如穿衣、飲食、行走、乘車、買禮物、付帳……也是如此的無助……這一切破碎絕不會消失或減少。然而，接納它，將它帶到那位稱我們為愛子的榮光裏，讓祂使我們的破碎像鑽石一樣閃亮。

你是否還記得，兩年前我們去林肯中心聽倫納德．伯恩斯坦(Leonard Bernstein)指揮柴可夫斯基的樂曲？那是個很感人的夜晚。事後我們才知道那是我們最後一次聽這位音樂天才的演出。倫納德．伯恩斯坦無疑是一位最有影響力的指揮和作曲家，是他讓我認識音樂的美麗和喜樂。我少年時，他在荷蘭詩弗寧根的古哈斯音樂廳以滿腔熱忱指揮又獨奏莫扎特鋼琴協奏曲，我已被他熱情奔放的演奏深深吸引。當他的《夢斷城西》(*West Side Story*)上演時，我過了好幾個月還一直哼著那繞梁的樂曲，一有機會我就再到電影院去觀看該戲。

看著倫納德．伯恩斯坦在電視節目上，七情上面地為兒童指揮和解釋古典音樂時，我知道他已經成為我最敬重的音樂老師。難怪他的突然逝世給我的打擊，就如失去一位親密的朋友一樣大。

我現在給你寫我們的破碎時，想起倫納德．伯恩斯坦為紀念約翰．甘迺迪所寫的音樂劇《彌撒樂曲》(*Mass*)中的一幕，這齣音樂劇讓我體會將破碎放在祝福裏的意思。音樂劇的末了，神父穿著隆重的禮袍被人抬起。他手中拿著一個聖餐杯，被高舉在愛慕他的人羣之上。突然，由人組成的金字塔倒塌，神父墜下，禮袍被撕破，聖餐杯掉到地上粉碎。當他慢慢地走過昔日榮耀所留下的碎片時——赤著腳，只穿藍色的牛仔褲和運動衫——兒童們唱著「讚美，讚美，讚美」的歌聲不絕於耳。忽然間神父注意到破碎的聖餐杯，他注視了好久，遲疑不決的說：「我從來沒發現破碎的玻璃可以如此閃亮耀眼。」

我永遠不會忘記這句話，對我來說，它捕捉了你我生命中的不解之謎，也捕捉了剛去世的倫納德·伯恩斯坦那燦爛而悲慘的生命。

在結束討論我們的破碎這課題之前，我要再提一提有關它對我們和別人關係的意義。我年紀愈大，就愈明白我們為別人做的事可以很少，也可以很多。是的，我們蒙揀選、蒙祝福，也經破碎，為了可以給予。這正是我現在要談的。

IV、給予

我們蒙揀選、祝福，並經破碎，為的是要給予；給予是蒙神所愛的人的第四個生命特徵。對我個人來說，只有給予讓我能完全明白為何要蒙揀選、得到祝福，甚至經歷破碎。藉著給予，我們就會清楚被揀選、祝福、破碎不只是為了我們自己，而是讓我們看到生命的最終意義是為別人而活。

我們兩人都體驗過服侍別人的喜樂。你為我做了很多事，我一直很感激你給我的一切。然而，我感激的部分原因是看到你樂於給我那麼多；感激樂於給予的禮物比感激勉強給予的禮物來得容易。你是否見過母親看著她的嬰兒微笑時所流露出的喜樂？嬰兒的微笑就是母親的禮物，她看到嬰兒高興，心中是充滿感激的。

何等奇妙的奧祕！我們最大的滿足在於將自己貢獻給別人。雖然很多時候，人的給予似乎是為了回報。我相信，在我們渴望得到感激、報酬和認可的背後，有個單純的願望，就是給予。記得有一次我用了好長的時間在荷蘭人的商店為我的父親或母親買一份生日禮物，就為了能給予而喜樂。我們的愛心在給予的時候得到最大的發揮。當我們盡量給予時，我們就成為美麗的人：一個微笑、握一握手、吻一吻、一個擁抱、一句有愛心的話、一份禮物、我們生命的一部分……我們的整個生命。最令我感動的一幕出現在你和羅冰結婚那天。那一天，你結束了第一次婚姻失敗而來的悲痛，你能再次確認一個真理，就是生命在給予時達到完美的境地。婚禮前一天下午，你從拉瓜地亞機場接我，帶我去和你的母親、姐姐、姐夫、小侄女同進晚餐，然後開車前往酒店，度過慶典前夕。那是五月份的一個美麗、晴朗的周末。你雖然顯露出新郎在婚禮前常有的緊張，但你仍滿有平安和喜樂。你的心期待和羅冰共度一生。你告訴我羅冰給你新的自信，幫助你不再懷疑自己能否好好地愛，能否找到一份合適的工作，鼓勵你要相信能找到發揮自己恩賜的最佳途徑，即使你不能配合社會的傳統。最重要的是，羅冰愛的是你本人，而不是因為你會賺錢或你有成就。你也告訴我，你如何成為羅冰很大的扶持。你欣賞她是一位對貧窮和無家可歸的人很有負擔的律師，欣賞她有極大的恩賜維護在我們這個世界上聲音微弱的人，欣賞她的活力和幽默。然而，你很清楚，你給她的是獨特的，是她本身無法給自己的：一個家，一個安全、豐盛的地方。你對她的愛是那麼美。我為受邀見證這樣的愛感到榮幸。

在莊嚴的婚禮中，你的拉比朋友何林．弗里斯(Helene Ferris)所帶領的猶太儀式如此感人，在花園舉行的招待會是那麼喜樂，晚宴是那麼親切。那天的經歷，讓我更深切地感受到，生命的滿足在於將自己貢獻給別人。那一天，你把自己交給羅冰，你很清楚，無論發生甚麼事——是工作上的、健康方面的，或是經濟、政治範圍的——從這時開始羅冰是你首先關心的。

因為你和羅冰的婚姻是你的第二段婚姻，你又經歷過那段漫長寂寞的離婚生活，所以你對這一切都很謙虛。你知道沒有一樣好事是自然而然的，也知道把自己交給羅冰，是你每一天必須不斷更新的決定，尤其是當你發現你倆之間產生距離時。

我也深知，當你和羅冰按照彼此的承諾開始新生活時，你是多麼需要家人和朋友以愛圍繞你。你邀請我在你結婚那天在你身邊，讓我知道你要我作一個幫助你保持忠實的朋友，我也樂意接受這樣可喜的任務。很悲哀的是，在我們這個高度競爭、貪得無厭的社會，我們已經失去給予的喜樂。我們常活得好像快樂是因擁有而來，但是我不知道有甚麼人因著他或她所擁有的而真正感到快樂。真正的喜樂和內心的平安來自將自己獻給別人。快樂的生命是為他人而活的生命。可是那真理通常是在我們面對我們的破碎時才發現到的。

回顧我們的友誼在這些年來的增長，我注意到，我們的破碎和我們彼此給予的能力有著奇妙的關係。我們兩人都經歷過內心極度痛苦的時期，在那些痛苦期間，我們常覺得我們的生命已經停滯不前，我們再也沒有甚麼可以貢獻了；可是現在，經過多年之後，我們都發現那些日子實在讓我們能給得更多而不是較少。我們的破碎為我們打開一條更深遠的道路，讓我們互相分享生命，給彼此帶來希望。好比餅需要被擘開才可以分給眾人，我們的生命也是一樣。但顯然的，這不是說我們應該彼此強加打擊才可以使自己成為更好的給予者。即使一片破碎的玻璃會發亮，只有傻子才會打破玻璃來使它發亮！作為必朽的人，人生的破碎是我們存在的事實，但當我們與它為友，並把它放在祝福裏，就會發現我們可以給予多少——比我們所能夢想的還多。

共進一餐豈不是在我們的破碎中，期望彼此分享的最美表達？席間的飲食、交談、故事，何嘗不是最親密的方式，不只表達了我們願意彼此分享生命，也讓我們實際上做到了？我很喜歡「一起擘餅」的說法，因為在那個情況，擘開和給予很明顯是合而為一的。當我們一起用餐時，是不會防備對方的；我們不能帶著武器圍坐一席。同吃一個餅、同喝一個杯，能叫我們合一、和平地共處；有衝突時這情況就顯而易見。那時，一同吃喝會成為一個真正有威脅的場合，這一餐亦會變成一天中最叫人討厭的一刻。我們都知道晚餐中痛苦的沈默是甚麼，它和一起親密地吃喝有著明顯的對比，坐席者之間的距離是難以忍受的。

另一方面，真正平安、喜樂地共進一餐是人生最難得的時刻。你不覺得我們共進一餐的渴望，表達了我們更深一層、要成為對方的食物的渴望嗎？我們有時不是說：「那是一段叫人得益不淺的對話」、「那是一段令人感到舒暢的時光」嗎？我想，人最深切的渴望就是互相給予，使自己成為他人在肉體、感情和靈命成長的來源。嬰兒在母親懷中被乳養，豈不是最能表達人間的愛的一個記號嗎？「品嘗」豈不是形容親密關係的最佳字眼嗎？相愛的人在熱愛時不是體驗到想把對方吃進去、飲下去的渴望嗎？作為蒙神所愛的人，我們最大的滿足在於成為世界的餅，這樣才能最密切地表達出我們最深切的渴望是互相給予。

要如何做得到？如果我們最大的滿足在於將自己當作禮物呈獻給別人，在這個看重擁有多於給予的社會，我們每一天怎樣活出這樣的異象？我有兩方面的建議：在活的時候給予，在死時也給予。

首先，我們的生命本身就是一份最好的禮物——這是我們常常忘記的。當我們想到給予的時候，最先浮現在腦海的是我們獨特的才華，那些把特別的事情做得特別好的能力；這是我們經常談及的。我們曾問：「我們的獨特才華是甚麼？」可是當我們把注意力放在才華上時，我們就會忘記真正的恩賜不全是我們能做甚麼，而是我們本人。真正的問題不是「我們能為對方做些甚麼？」而是「我們彼此能成為對方怎麼樣的人？」當然，能為鄰居修理一些東西、能給朋友有用的意見、能為同事提供建議、能為病人帶來醫治，或者給會友報告好消息，都是好事。只是，比這一切更大的禮物，是我們的生命藉著我們的作為所發出的光輝。我年紀愈大就愈發覺我所能提供的最好的禮物就是我本身對生活的喜樂、我內心的平安、寧靜和獨處，並我自己對幸福的感受。當我問自己：「誰幫我最多？」時，我的答案肯定是：「那位願意和我分享生命的人。」

分辨才華和恩賜是有必要的。我們的恩賜比我們的才華更重要，也許我們只有一些才華，但是可以有許多恩賜。我們的恩賜就是我們表達人性的方式，是我們的一部分：友情、仁慈、忍耐、喜樂、平安、寬容、溫和、愛心、盼望、信任等等，都是我們可以互相贈送的真正禮物。

我對這一切認識已久，尤其是我對這些恩賜的偉大醫治力量，有親身的體驗。然而，自從與智障人士一起生活，我對這個簡單的真理有了新的發現。在這團體當中，幾乎沒有人有任何可以誇口的才華，也沒有甚麼能力可以貢獻社會，賺取收入，在公開市場上競爭或贏獎。但是他們的恩賜是如此佳美！比爾雖因家庭破碎而受盡折磨，但他的友愛恩賜是少見的。即使是在我被別人弄致不耐煩或分神時，他仍然忠心地繼續支持我。琳達雖有言語障礙，但她在接待方面卻有獨特的恩賜；很多曾在我們團體裏住宿的人都記得是琳達讓他們感到賓至如歸的。亞當不能說話、不能行走、不能自己進食，經常需要別人的扶持，可是他有極大的恩賜，就是給那些照顧他、和他同住的人帶來平安。我住在方舟之家愈久就愈認識到，在我們這些看似沒有殘缺的人身上，真正的恩賜常常被埋沒在我們的才華底下。很奇妙的是，殘障人士的明顯殘障讓他們自由地、毫無阻礙地將他們的恩賜貢獻出來。

我比以前更加肯定，我現在知道我們蒙召，將我們的生命彼此相獻，在這樣的過程中，我們便成為一個真正有愛的團體。

第二，我們蒙召獻出自己，不單獻出生命，也獻出死亡。作為神所愛的人，我們蒙召以我們的死作為最大的禮物。因為我們被破碎為的是要給予，那麼我們最終的破碎，即死亡，就是我們獻出自己的最後一份禮物。這怎麼可能呢？死亡是我們最大的對敵，躲避得愈遠愈好。死不是我們喜歡想或喜歡談的課題。儘管如此，在我們可以肯定的極少事件中，其中一項就是我們必會死。我們的社會費盡心思阻止我們為死做好準備，這叫我常常感到希奇。作為神所愛的兒女，死是一道門檻，帶領我們完全體驗何謂蒙神所愛。對於認識自己是被揀選、祝福、破碎來給予的人來說，死亡讓人成為完美的禮物。

我想我們沒有談過很多有關死亡的問題，因為死似乎很遙遠、不真實……是給別人多過給自己的東西。即使傳媒每天讓我們面對可悲的事實，就是有數不盡的人死於暴力、戰爭、飢餓，被遺棄；即使我們不時聽到有親友去世，但是我們很少留意到自己接近死亡。在我們的社會，當朋友或家人去世時，我們很少花時間哀悼，周圍的每一件事物都在催逼我們「當作甚麼也沒發生過」，就這樣我們從來沒有真的正視我們必死。最後當我們必須面對自己的死亡時，便極力否定它；當我們無法逃避它時，我們感到困惑，是的，甚至忿怒。

儘管如此，作為神所愛的人，我是蒙召相信，生命是為死亡這最終的給予做準備的。我們不但是為別人而活，也是為別人而死。這是怎麼可能的？

讓我先告訴你過去幾個月去世的兩位好朋友——默里・麥克唐奈（Murray McDonnell)和波林・瓦尼埃（Pauline Vanier)的事情。我懷念他們，他們的死是慘痛的損失。每當我想到他們時，心就刺痛，因為他們不再在家中和家人、朋友在一起，我再也不能打電話給他們，探訪他們，聽見他們的聲音，看到他們的臉。我感到很大的傷痛。但是我深信，他們的死並非止於一個損失，也是一份禮物。

我們所愛、也愛我們的人死了，使彼此有可能產生新的、更徹底的聯繫，新的親密關係和新的歸屬感。如果愛真的比死強，那麼，死亡就有可能深化和加強愛的關係。主耶穌的門徒是在祂離開他們之後才掌握祂對他們的真正意義。在愛中死的人豈不也如此？

我們的靈只有在我們死後才能完全顯露。默里和波林都是好人，但是他們的愛也受到他們的需要和傷害所限。如今，在他們死後，捆綁他們靈命的需要和傷害已不再約束他們，阻止他們完全的將一己給予我們。他們現在可以將他們的靈傳送給我們，我們也可以和他們有新的聯繫。

這一切並非在毫無準備的情況下發生。我這樣說是因為我見過懷著忿怒和苦毒而死，以及極度不願意接受必死的人。他們的死使活著的人覺得內疚，感到挫敗。他們的死絕不可能成為一份禮物。他們沒有甚麼可以傳送，他們的靈在黑暗的權勢下消失了。

是的，的確是有善終這回事。我們要對我們如何死負責。我們要作出選擇，是牢牢抓住一條命，使死只不過是失敗，或是自由地放下生命，以讓己成為他人盼望之源。這是個關鍵的選擇，我們人生的每一天都要為這樣的選擇「努力」。死亡無需是我們的最後失敗、我們生命掙扎的最終挫敗、我們無可避免的命運。如果我們最深切的人生願望的確是要將自己獻給別人，那麼我們就可以使自己的死亡成為最後的禮物。當看到死成為白白的禮物，又如此有果效，是何等美妙的事。

默里 死於心臟衰竭。他最後五年的生命為死作了準備。他對妻子佩吉、九個子女和他們的家庭，以及所有他所愛的人愈來愈敞開。他也鼓起勇氣與所有曾與自己爭執的人和好。他對我大為敞開，對我與智障人士的生活真誠關懷，對我的寫作慷慨支持，我們之間的友誼因此建立了深厚的聯結。我難以想像他不在我身邊是怎樣的。他的死令人震驚，卻也成為愛的頌揚。當他的家人在他去世後一年聚在一起時，每一個人都有美麗的故事要說，是談及所有哀悼默里離去的人如何因他得著新生命和新盼望。

波林．瓦尼埃去世時是九十三歲。作為加拿大前首席總督的夫人，她曾和世界的權要來往。但自她的丈夫去世後，她就跟著她的兒子杰斯參與身體軟弱、無能的人的團體，成為許多人的祖母、母親、朋友和知己。我住在她的家那年，她對我照顧得無微不至，也與我分享她的智慧。來到「方舟之家」總使我聯想起親愛的「媽媽」。雖然我懷念她，我知道她的生命果子會愈來愈彰顯在我和所有親近她的人的生命中。我相信，她那滿有幽默和禱告的靈將繼續引導我們。

神所愛的人的死在許多生命中結出果子。你我都要相信，我們短小的生命可以超越我們的年代結出果子來。但是我們必須選擇如此，同時深信我們的靈可以為記念我們的人帶來喜樂、平安和生命。亞西西的法蘭西斯死於一二二六年，但他仍活在人們心裏！他的死是一份真正的禮物，至今將近八百年後，他還是不斷地在法蘭西斯修會（又譯為方濟修會）內外，以極大的活力和生命充滿兄弟姐妹。他雖死卻沒有亡，他的生命繼續在世界各地結出新的果子。他的靈不斷地降臨在我們身上。我比過去更信服，死亡的確可以被選為生命的最後禮物。

你我所剩的年日無多，前面的二十、三十、四十或五十年很快就要過去。我們可以活得好像是永生不死的，然後驚覺情況並非如此。但我們也可以活得滿有喜樂的期待，因為早知道我們為別人而活的最大盼望可以通過我們所選擇的死達到。當我們在自由中放下自己的生命並步向死亡，我們和所有我們愛的人就會發現我們所給予的是何其多。

我們不只是在活著時，也是在死的時候蒙揀選、祝福，以至被破碎來給予。作為神所愛的兒女，我們蒙召成為大家的餅——世界的餅。這個異象讓我們對以利沙使麵包倍增的故事有新的理解。有個僕人帶來二十個大麥作的餅和帶殼的新穗，東西還裝在袋子裏，以利沙就對他說：「給眾人吃罷。」僕人抗議道：「這一點豈可給一百人吃呢？」以利沙堅持說：「你只管給眾人吃罷。」僕人就讓眾人吃，他們吃了，還有剩餘。

這個故事豈不是我們屬靈生命的真實故事？在這個講求效率、權勢和成就的社會，我們也許是微不足道的僕人，但當我們明白神從永恆中揀選我們，差遣我們以蒙福的身分到世上，把我們交給苦難，這樣難道我們不能也相信，我們卑微的生命將倍增，並滿足無數人的需要？這乍聽之下好像自命不凡或抬舉自己，但其實對自己能多結果子的信念來自謙卑的靈。哈拿的謙卑讓她為著所懷的新生命感恩頌讚：「我的心因神我的救主而快樂……祂眷顧祂卑微的婢女……祂為我成就了大事……從今以後世世代代要稱我為蒙福的人。」只要我們認識到我們卑微的生命是能多結果子的，並且活出被愛的生命，它的豐盛就會超出我們所能想像的。我們活在世上的有限時日好比一顆小種子種在肥沃的泥土裏，種子要死才能結果子來，這是信心的最大行動。我們常常只是看見或感受死亡，但收成將是豐富的，即使我們本身不是收成的人。

要是我們能真正相信我們的生命在給予時是倍增的，它將何等不同！只要有人領受我們憑信心所作的每一件小事、每一個愛的行動、每一句原諒的話、每一點滴喜樂和平安，它都會一直倍增，而且還有剩餘！如果我們肯相信這一點，我們的生命將何等不同！

試想像自己深深信服，你對羅冰的愛、對朋友的善行、對窮人的慷慨，都是小小的芥菜種，將來要長成壯大的樹木讓小鳥在上面築巢！試在你的內心想像，相信你的微笑和握手，你的擁抱和親吻不過是人類友愛和平的先兆！想像相信你每一個愛的小舉動都會像漣漪般擴散出去，成為歷久常新並且更大的圓圈——就好比將一粒小石子丟進沈靜的水池裏一樣。想像，想像……你還會消沈、生氣、怨恨、報仇心切嗎？你還能恨、破壞或殺害嗎？你還會為著人生在世的短暫而沮喪嗎？

你我一旦真正知道我們卑微的人竟被揀選、祝福、破碎，並化為餅在施予中倍增，我們都會樂得手舞足蹈。你我再也不會害怕死亡，而是朝向它而活；將自己全部獻給別人是我們一生的渴望，而死亡就是這個渴望的頂峯。我們離這樣的意念那麼遠，反映出我們的靈命只在起步階段，還沒有完全認識到蒙召的全部真理。但是讓我們為著我們略微認識的真理感恩，並且相信來日總有更多是要認識的……

總會有的。

不出數年我們兩人都將被埋葬或火葬。我們所住的屋子也許還在，但別人會住在那裏，很可能他們對我們有些許認識或完全不認識。但我相信，希望你也能相信，我們在世上短暫、容易被遺忘的旅程將繼續在不同時候、不同地方給人生命；我希望你也有同感。我們的愛心一旦從我們會朽壞的肉體釋放出來，將會隨風飄揚，即使到了沒有人留意它的蹤影時。

活出蒙神所愛的生命

就像那些蒙揀選、祝福、經破碎、被要求施予的人一樣，我們被呼召去活出有內在喜樂和平安的生命。這就是有愛的生命，活在一個一直要我們相信我們必須證明自己是值得得到愛的世界中。

另一方面又怎樣呢？我們渴望建立一番事業，期望成功、得著名望，使自己成為一個成功人士，這一切又如何？難道都應該被輕視嗎？難道這些意念與屬靈生命相違背嗎？

有些人會說「是」，然後輔導你離開這忽忙的大都市，找一個容讓你毫無阻隔地追求屬靈生命的環境。但是，我想這不是你的道路，我不相信你應該在修道院，或是在像「方舟」這樣的一個團體，或是在鄉村獨居。我認為即使是充滿著挑戰的城市，對你和你的朋友，不盡然是個不好的地方。那裏充滿刺激、興奮、運動，有許多給人觀看、收聽、品味和享受的事物。只有在你成為世界的奴僕後，這世界才是邪惡的。世界能有許多貢獻——就像埃及貢獻給雅各的子孫們一樣，只要你不被它捆綁，不服從它。真正的掙扎不在於你要脫離這世界，放棄你的志願，輕視金錢、地位、成功，而是在獲得那屬靈的真理：活在這世界又不屬於這世界。贏得一場比賽是令人興奮的，遇到知名人士是有趣之事，到林肯中心聽音樂、上戲院看場電影、到博物館觀看展覽，都是令人神往的，良朋、美食、漂亮的服飾，又有甚麼不對？

我深信，這世界給我們的美好東西，都是要讓我們享受的，但是只有相信一切是用來肯定你是神所喜愛這真理時，你才能真正享受得到。這個真理能使你自由地去享受自然和文化的美麗，並滿心感恩，因為這是你蒙神所愛的記號。這個真理也允許你接受社會給你的所有禮物，享受生命。那個真理也能讓你放棄那些會阻擋你、迷惑你，危害你內在屬靈生命的事物。

想像自己被差遣到這世界……可能這樣看你自己：相信在世界開始之前，你已是被愛的……這觀點能叫你的信心大躍進！只要你活在世上，讓世界的沈重壓力控制著你，向你自己和別人證明你可以出人頭地，卻從開始就知道這是一場必敗的爭戰；那麼你的生命只是一場長久的掙扎求存。但是，如果你真正要活在這世界上，就不能把世界當作生命的能源。世界和其中的生活策略也許能幫助你生存一段長時間，但是它不會幫助你生活，因為這世界根本不是它自己生命的能源，當然也不會是你生命的能源。

在屬靈層面，你並不屬於這世界，也正因如此，你被差遣到這世界上。你的家人、朋友、同事、競爭對手，所有你在生命旅途中遇到的人，都是在尋找比生存更有意義的生命。所以作為被差遣到他們當中的你，可以讓他們瞥見真正的生命。

就在你知道自己被差遣到這世界的一刻，所有事情就有了特殊的改變。時間、空間、人物、事件、藝術、文字、歷史、科學，都不再難懂，都成了透明的，指向超越它們的地方，就是你的根源，也是你的歸宿。我很難給你解釋明白這個徹底的改變，因為它不能用普通的言語去形容，也不像一門新的自我認知般能被教導或練習。我所說的改變是，以生命來作痛苦的測試，去證明你是可以值得愛的，並不斷肯定自己就是蒙神所愛的真理。簡單的說，生命本來就是神給予的機會，讓我們活出自我，肯定自我擁有真正的屬靈本性，宣告屬我們的真理，並真正活在現實裏；最重要的是去服從愛我們的那位。

神那不可測量的奧祕，就是神是一個需要被愛的深情摯友。那創造我們的，等待我們去回應那賜給我們生命的愛。神不單說：「你是我所喜愛的。」神還問：「你愛我嗎？」也給我們數不盡的機會去回應：「是。」這就是屬靈的生命：一個以「是」來回應我們內在真理的機會。屬靈的生命能把所有事情徹底地改變。我們的出生、長大、離家、尋找職業、被讚賞或被拒絕、行走、休息、禱告、遊戲、生病、痊癒，甚至活著、死亡，都是表達那神聖的問題：「你愛我嗎？」在旅途的每一站，都可以選擇回答「是」或「不是」。

你一旦瞥見這屬靈異象時，就能看到在我們每天的生活中有許多重要的事情，都失去了原有的意義。當喜樂和悲傷都讓我們向自己神聖的童年說「是」時，悲哀和喜樂就變得較相似而少差異。當獲獎勵和表現不優良的經歷，都給我們機會去肯定我們是神所愛的身分時，這些經歷就有更多相似少有不同了。當孤單和歸屬的感覺只不過是個呼召，讓我們更完全地發現我們是神的兒女時，這些感覺就會更一致而少分歧。最後，當生與死引導我們更接近自我靈命的完全實現，知道它並不像世界要我們去相信的——兩者完全對立，生與死也就只是神愛奧祕的兩面。活出屬靈的生命就是活出一個合一而實在的生命。黑暗的勢力是帶來分裂、阻隔、相對抗的力量；光明的能力帶來合一。「惡魔」（diabolic）一詞在字面上有分裂的意思；魔鬼分裂，聖靈合一。

屬靈生命在我們每天生活中，與無數能導致破壞和暴力的分裂抗衡。這些分裂是內在也是外在的；

在我們最隱密的情感，也在最公開的社會團體內。在我裏面歡樂和悲哀的分裂，在我周圍種族、宗教和文化的分裂，都是黑暗惡魔的能力。神的靈，那稱我們為蒙愛者的靈，是帶來合一與完全的。辨別神的靈最明顯的方法是找出合一、醫治、重建和復合的時刻。當聖靈工作時，分裂就會消逝，內在和外在的合一都會彰顯。

我最想告訴你的是，如果我們日常生活中的每個細節，都像從「上頭而來」的樣式去活，像那被差遣到這世上的愛子一樣，那麼，我們所遇到的每一個人和每一件事物，都成為一個獨特的機會，讓我們選擇一個不能被死亡所取勝的生命。那麼，喜樂和痛苦就成了步向完滿靈命的一部分。小說家朱利恩．格林(Julien Green)在給他的朋友，法國哲學家雅克．馬里頓(Jacques Maritain)的信中，很感人地表達了這異象。他寫道：「當你想到許多聖人的神祕經歷時，你可以問自己，喜樂和受苦是否屬於同一高層次現象的不同層面。我想到一個看來似乎瘋狂的比擬，那就是非常冰冷的灼傷。可以肯定的是，在我們受苦時去找神，那痛苦就成了喜樂，因為最終是同樣一件事。」(*Une grand amitié: Correspondance1926-1972, Julien Green-Jacques*

Maritain , Paris: Gallimard, 1982, p.282.)

這異象會引導我們往何處？我想它引導我們回到我們原來的「地方」，就是神的「地方」。我們被差遣到這世上一段很短的時間，在我們的有限年日中，透過喜樂和悲痛，以「是」來回應那位給我們愛的，也歸向那差遣我們的；我們的心中銘刻著那「是」。我們的死亡也就成為回歸的時刻；但是，死亡有可能成為回歸，除非我們的一生是個歸回的旅程，歸回到那差派我們的，也稱我們為蒙神所愛的那位。對於「來生」和「永生」的説法，確實有點混亂。我個人深信永生，但不是指肉體死亡後的生命那麼簡單。只有在我們有生之年，確認我們的生命有神的靈同在，我們才能期待死亡是進入更完美生命的門檻。永生並不是在我們存在的終結時，令人驚喜的宣布，而是一直以來我們的生命，生活所給的完滿啟示。大佈道家約翰很清楚地表明了這點，他説：「親愛的會眾，沒有記載説我們將來會如何，我們只知道我們將會像祂，因為我們得見祂真正的樣子。」

因著這異象，死不再是最後的失敗，相反的，它成了最後的「是」，讓我們能完完全全地成為神的兒女。我想不是很多人如此看死亡，他們不但不把死亡看成成全的一刻，反而看成是個極大的失敗，離開得愈遠愈好。我們的社會告訴我們死亡是我們最大的敵人，能阻止我們去完成自己的心願，故此所看到的生命也不過是個必輸的爭戰，無望的掙扎，無奈的旅程。我自己的異象，與這些完全不同，也盼望你的也一樣。雖然我常常降服在我的世界內許多恐懼和警告下，但我仍深信，我們在這世上短暫的幾年，是伸展至我們生死之外的。我把它看成在時間內的使命，一個令人興奮的使命，因為那差遣我去完成這使命的，正在等待著我的歸回，等待我述說我所學習的一切。

我害怕死亡嗎？每當我讓世界的聲音誘惑我，告訴我自己微弱的生命是我僅有的，建議我還是盡力抓住它時，我仍害怕死亡。但是當我讓這些聲音移到我生命之外，並聆聽那微小的聲音，呼喚我是蒙神所愛的，我就知道沒甚麼可怕。死亡是愛的最偉大表現，引導我回到神的懷抱中，祂的愛是永恆不變的。

玖——友誼的增長

寫完了《活出有愛的生命》，我把它寄給弗雷德，很焦急地猜想，我能否達到他的要求：「對我和我的世俗朋友說些我們能聽的屬靈的事」。我嘗試用我的心對他的心、我個人的經歷對他的經歷、我的真我對他的真我說話，我非常好奇自己是否成功。

弗雷德收到文稿不久，便打電話給我，說要到多倫多「方舟」住幾天，與我談論《活出有愛的生命》。他來到後，我們都發現在過去的年日，我們都比剛認識時更穩重了。我已在「方舟」找到了真正的家，弗雷德也有個快樂的家庭，正等待著第一個孩子的誕生，有一份滿意的工作。他出版了兩本給青少年的書，一本關於中東戰爭，另一本談及失去父或母的經歷。他正準備出版一本書，是政治界、藝術界、文學界、運動界等如此不同類別的領袖和菁英們都會推薦的好書。他還在凌晨時分寫小說呢！他那成為作家的夢想，實在已經實現，雖然與他所想像的有點不同。

我們二人都成長了許多，都不再那麼沒有安全感，而是更加穩重；但是我們也感到我們之間的距離更明顯了。在我們討論這本書時，就更加清楚，雖然弗雷德對我所寫的有許多好評，我卻不能夠做到他所盼望的。他曾把文稿交給他兩位朋友翻閱，很明顯地他們二人都沒有太大的感動。在我們繼續的談論中，弗雷德令我相信這本書並不如我想像般與我以前所寫的有很大分別。弗雷德一直都喜歡我寫的東西，但我以往寫的都不是針對他自己的需要而寫的。對他來說，我寫的都是為那些「已悔改」的人而寫，不是給真正世俗的人；他覺得這本書在這方面也沒有太大的不同。

在有關屬靈生命上，我們之間有如此大的距離，比我想像的更大，叫我非常失望。我多麼希望，這多年的友情，我會有一些話能連接這鴻溝；我多麼盼望，我能對弗雷德和他的朋友說一些話，使他們真正渴望建立屬靈的生命。

為甚麼我不能對弗雷德和他的朋友最基本的需要說些話呢？弗雷德非常照顧我的感受，很溫和也清楚的告訴我，他說：「雖然很明顯地你嘗試從你的角度為我和我的朋友寫，雖然你表達了你最寶貴的信息，但你沒有想到我們與你的距離有多遠。你以一個完全對我們是陌生的處境和傳統來述說，你的文字是建基於一些我們不能認同的假設上。你不知道我們真正有多世俗，很多很多的問題，需要先有答案，我們才能對你所說的蒙神所愛的生命完全開放。」

接受這樣的批評，並不是易事，但是我要以一個毫不抗拒的心靈來聽，才能真正發現內心裏真正被挑戰的是甚麼。我嘗試向世俗的世界「見證神的愛」，但是我卻像一個對航海術非常興奮的人，忘了聽眾從沒看過湖或海，更不用提帆船了。

弗雷德嘗試解釋問題出現在哪裏。他說：「在你還未說到蒙神所愛的或成為蒙神所愛的以前，你先要回答一些基本的問題，例如：神是誰？我是誰？為甚麼我會在這裏？我如何使生命有意義？如何得到信心？如果你沒幫助我們回答這些問題，你那美好的成為蒙神所愛的意念，對我們來說也只是個夢幻。」

弗雷德也說了許多其他的事，但主要的回應是我沒有真正進入世俗的思考架構中。當我誠實地去看我的經歷，我在荷蘭的侄兒女們，在美國加拿大經商的朋友，在世界各地通訊的朋友，我必須承認他們也會同意弗雷德所提出的批評。問題不在如何向那些不熟悉教會、會堂傳統語言的人去表達神的奧祕，而在於這世界到底有沒有我們所稱的「神聖」的事物。在我們所做的事情、所認識的人，在報紙、電視所得到的新聞中，是否有一些人、一些事情，是超越這一切，有內在的聖潔、神聖、值得我們去敬仰、崇拜的？

弗雷德頗願意承認，當聖潔從我們的世界消逝後，人的想像力就變得非常貧乏，很多人生活在迷失和空洞中。然而，我們可以從何處、如何重新發現聖潔，讓它成為我們生命的中樞？我發現在這本書中，我沒切實地回應這問題。

我能夠做到嗎？我需要去做嗎？弗雷德和我在黎明之家度過了幾天。當我們探訪智障人士和他們的助手居住的家時，我更覺得我能説能寫的思想和意象，都只能以我每天的經歷為基礎；這些經歷都被神存在的知識所充滿。我有可能離開以神為中心的現實，回應那些心裏常存以下疑問的人嗎？他們説：「我真的需要神才能生活、快樂、享受生命、完成我的心願嗎？我真的需要信仰才能活出一個美好，有創造性的生命嗎？」

我感到在我的內心深處，非常抗拒要向別人證明任何的事情，我不要説：「我要讓你看到你需要神才能活得完美。」我只能説：「對我，神是那稱你我為蒙神所愛的，我很願意表達給其他的人知道，我如何嘗試成為更完滿的我。」除此以外，我感到很軟弱和無能。

然而，這些都不表示弗雷德對我這本書的反應沒有帶給我很大的挑戰，這挑戰是讓我去發現如何更深體會世俗的世界。雖然我住在基督徒的團體中，也覺得有責任去保護、養育我們所共有的聖潔生活，我卻被裏裏外外的世俗世界所包圍著。除此之外，我也知道雖然我把生命的焦點放在聖潔之事上，我也是個非常世俗的人。弗雷德所提出的問題對我來說並不陌生，事實上當我愈與世俗的世界有親密的對話，我就愈發覺自己世俗，也就愈看到弗雷德與他的朋友，並不如我想像般與我有如此大的距離。

或許我們最大的挑戰是對神的愛的信靠，不用擔心全情投入到世俗的世界去談論信望愛。或許需要被連接的鴻溝是在我的內心。或許當每個人在做人的經歷中，發現這二者都存在於他們裏面時，世俗和聖潔之間的空隙就可以被連接。或許我不再需要為了回應弗雷德的批評，為神的存在和人生的宗教意義做辯證……此時此刻，我也不能再做甚麼了。

弗雷德到訪黎明之家後，我面對的問題是：如何處置這本書？把它忘了、重寫、出版？我困惑了好一段日子。

後來，一些預料不到的事情發生了。我把書稿寄給在華盛頓救主堂的「主僕領袖學校」的戈登·科斯比(Gordon Cosby)和黛安娜·錢伯(Diana Chambers)，並收到他們很有鼓勵的回覆。他們說這本書比以前的更幫助他們，給予他們開設一個新的課程：「活出有愛的生命」的靈感。還有，英國「南園團體」(South Park Community)的巴特·加維根(Bart Gavigan)也有熱烈的回應。他們三人都鼓勵我不要作太大修改，相信它能結果。我問：「那弗雷德呢？」他們回答：「這或許不能完全達到弗雷德要聽的，但是，弗雷德卻使你寫了我們需要聽的，難道你就不能為此感恩嗎？」

此刻，寫作的真正弔詭衝擊了我，我非常盡力想為世俗的人寫些東西，而最得到幫助的卻是一些在華盛頓和倫敦在尋找中的基督徒。突然間，我意識到如果沒有弗雷德，我就不會找到對信徒們有幫助的語言，對我，這不僅是個弔詭，也是神的奧祕。神使用祂的世俗朋友，來教導祂的門徒。

因著這覺悟，最後我決定不再寫另一本新書，我只相信，現有的文稿應該被出版，文稿裏沒有的，有一天或許能找到一個正確的表達方式。

作　者　簡　介

盧雲（Henri J.M. Nouwen）

原籍荷蘭，著名靈修及牧養神學作家，曾於美國聖母院大學、耶魯大學及哈佛大學之神學院任教多年。一九八五年離開哈佛大學，在法國特魯斯里的「方舟團體」（L'Arche Community）生活，等候及尋索未來的「召命」。終於受「方舟團體」在加拿大多倫多市以北的「黎明之家」（Daybreak）邀請，自一九八六年起為其牧者，服事家中的弱智人士及職員，直至一九九六年九月安息主懷止。其作品包括《羅馬城的小丑戲》、《心應心》、《始於寧謐處》、《念》、《親愛主，牽我手》、《奉耶穌的名》、《與祢同行》、《鏡外》、《新造的人》、《生命中的耶穌》、《愛中契合》、《黎明路上》、《建立生命的職事》、《負傷的治療者》、《亞當》、《活出有愛的生命》、《盧雲眼中的梅頓》、《和平路上》及《安息日誌》等。

盧■雲■著■作■一■覽■表

Intimacy: Essays in Pastoral Psychology (1969)
《愛中契合》香港：基道，一九九四。

Creative Ministry (1971)
《建立生命的職事》香港：基道，一九九六。

With Open Hands (1972)
《親愛主，牽我手》香港：基道，一九九一。

Thomas Merton: Contemplative Critic (1972)
《盧雲眼中的梅頓》香港：基道，一九九九。

The Wounded Healer (1972)
《負傷的治療者》香港：基道，一九九八。

Aging: The Fulfillment of Life
(With Walter Gaffney, 1974)
《生命的頂尖》香港：文藝，一九八〇。
《流金歲月》(新版)香港：文藝，二〇〇九。
《與歲月和好》台北：校園，二〇一五。

Out of Solitude (1974)
《始於寧謐處》香港：基道，一九九一。

Reaching Out (1975)
《從幻想到祈禱》香港：公教，一九八七。

Genesee Diary (1976)

The Living Reminder (1977)
《記憶的治療者》台北：校園，二〇一八。

Clowning in Rome (1979)
《羅馬城的小丑戲》香港：基道，一九九〇。
《帶著眼淚帶著微笑，在信仰的愚拙中經歷上帝》香港：基道，二〇二一。

In Memoriam (1980)
《別了，母親》香港：基道，一九九〇。
《念：別了母親後》(重譯本)香港：基道，二〇〇〇。

The Way of the Heart (1981)
《喧囂中的寧靜》台北：校園，二〇一九。

Making All Things New (1981)
《新造的人》香港：基道，一九九二。

A Cry for Mercy (1981)
《頌主慈恩》香港：公教，一九八五。

Compassion (With D. McNeill and D. Morrison, 1982)
《慈心憐憫》香港：基道，二〇一七。

A Letter of Consolation (1982)
《慰父書》台北：光啟。
《念母親：盧雲跟父親談生死》香港：文藝，二〇一七。

Gracias! A Latin American Journal (1983)

Love in a Fearful Land (1985)

Lifesigns: Intimacy, Fecundity and Ecstasy in Christian Perspective (1986)
《愛勝過恐懼》台北：校園，二〇一六。

Behold the Beauty of the Lord (1987)
《盧雲的聖像畫祈禱手記》台北：光啟，二〇一六。

Letters to Marc about Jesus (1988)
《生命中的耶穌》香港：基道，一九九三。

Circles of Love: Daily Readings with Henri J.M. Nouwen (1988)
《愛的漩渦：與盧雲默觀》香港：公教，一九九五。

The Road to Daybreak: A Spiritual Journey (1989)
《黎明路上》香港：基道，一九九五。

Heart Speaks to Heart (1989)
《心應心》香港：基道，一九九一。

Beyond the Mirror (1990)
《鏡外》香港：基道，一九九二。

In the Name of Jesus (1990)
《奉耶穌的名》香港：基道，一九九二。

Walk with Jesus (1990)
《與祢同行》香港：基道，一九九二。

The Return of the Prodigal Son (1992)
《浪子回頭》台北：校園，一九九七。

Life of the Beloved (1992)
《活出有愛的生命》香港：基道，一九九九。

Show Me the Way (1992)

Jesus and Mary: Finding Our Sacred Center (1993)

Our Greatest Gift: A Meditation on Dying and Caring (1994)
《最大的禮物》台北：校園，二〇一四。

Here and Now: Living in the Spirit (1994)
《念茲在茲》台北：光啟，二〇〇〇。

With Burning Hearts: A Meditation on Eucharistic Life (1994)
《熾熱的心》台北：光啟，二〇〇一。

The Path of Freedom (1995)

The Path of Power (1995)

The Path of Waiting (1995)

The Path of Peace (1995)

The Genesee Diary: Report from a Trappist Monastery (1995)

Can You Drink the Cup (1996)
《你能飲這杯嗎？》台北：上智，一九九九。

The Inner Voice of Love: A Journey through Anguish to Freedom (1996)
《心靈愛語》香港：卓越，一九九七。
《心靈愛語》香港：明風，二〇一九。

Bread for the Journey: A Daybook of Wisdom and Faith (1997)
《心靈麵包》台北：校園，一九九九。

Adam: God's Beloved (1997)
《亞當——神的愛子》香港：基道，一九九九。

Sabbatical Journey: The Final Year (1997)
《安息日誌——秋之旅》香港：基道，二〇〇二。
《安息日誌——冬之旅》香港：基道，二〇〇三。
《安息日誌——春夏之旅》香港：基道，二〇〇三。

The Road to Peace (1998)
《和平路上》香港：基道，二〇〇二。

Jesus: A Gospel (2001)
《耶穌就是福音》台北：主流，二〇一五。

Finding My Way Home (2001)
《尋找回家路》香港：基道，二〇〇四。

Turn My Mourning into Dancing (2004)
《化哀傷為舞蹈》香港：基督徒學生福音團契，二〇〇四。
《祢已將哀哭變為跳舞》香港：基道，二〇一八。

Encounters with Merton: Spiritual Reflections (2004)
《遇見牟敦》台北：光啟，二〇〇七。

Peacework: Prayer, Resistance, Community (2005)
《和平篇章》香港：基道，二〇〇七。

Spiritual Direction (With Michael J. Christensen and Rebecca J. Laird) (2006)
《躺臥在青草地上》香港：宗教教育中心，二〇一六。

Home Together: Further Reflections on the Parable of the Prodigal Son (2009)
《回家的渴望》台北：校園，二〇一七。

Spiritual Formation (With Michael J. Christensen and Rebecca J. Laird) (2010)
《一棵樹栽在溪水旁》香港：宗教教育中心，二〇一六。

Selfless Way of Christ: Downward Mobility and the Spiritual Life (2011)
《向下的移動》台北：校園，二〇一二。

A Spirituality of Living (2011)
《盧雲靈思集．生命中的蒙愛時刻》香港：基道，二〇一八。

A Spirituality of Caregiving (2011)
《盧雲靈思集．關顧，傷癒時刻》香港：基道，二〇一八。

A Spirituality of Home Coming (2013)
《盧雲靈思集．歸心，歸回上帝的時刻》香港：基道，二〇一八。

Discernment: Reading the Signs of Daily Life (With Michael J. Christensen and Rebecca J. Laird) (2013)
《靈心明辨》香港：基道，二〇一五。

Following Jesus: Finding Our Way Home in an Age of Anxiety (Edited by Gabrielle Earnshaw) (2019)
《跟從耶穌，每一步都是歸心之路》香港：基道，二〇二〇。

緊扣時代 服事教會

以文字傳揚基督真道

讀者意見表

衷心多謝你購買本社書籍。本社一直致力以出版事工服事教會，幫助信徒扎根於神的話語，促進靈命增長。為使我們的出版更能滿足你的需要，請填寫下列各項資料，並寄回或傳真予本社。

所購書籍：______________________

本書最吸引你的地方：

☐作者　☐適切性　☐文筆　☐設計　☐實用性

☐其他：______________________

購買本書地點：

☐基道書樓　☐基督教書店　☐非基督教書店

性別：☐男　☐女　職業：______________

信仰：☐基督徒　☐非基督徒

年齡：☐ 16歲或以下　☐ 17～25歲　☐ 26～35歲

☐ 36～55歲　☐ 56歲或以上

學歷：☐中三或以下　☐中五　☐預科

☐大學　☐研究院

☐我欲更多了解基道出版社的事工及考慮支持，請寄給我下列資料：

☐機構簡介　☐新書資料　☐基道會員通訊

☐《基道文字事工通訊》

姓名：______________ 電話：______________

地址：______________________

____

傳真：______________ 電子郵件：______________

其他意見：______________________

____

多謝賜教！

意見表可以傳真（2687-0281）或直接郵寄以下地址：

香港沙田火炭坳背灣街26號富騰工業中心1011室

基道出版社編輯部收